跟毛泽东学工作方法

张太原 等 著

人民出版社

目录

序言：思想方法与工作方法

　　思想方法是人们观察问题、思考问题和认识问题的门径与方式。工作方法是人们改造世界、社会实践和处理事务的路径与手段。思想方法和工作方法，是毛泽东在领导革命和建设及治国理政过程中经常强调的一个重要问题。他曾说："思想方法和工作方法是互相结合的，思想方法不对头，工作方法也就不对头。"作为领导者，"不但要提出任务，而且要解决完成任务的方法问题"。假如"我们的任务是过河，但是没有桥或没有船就不能过。不解决桥或船的问题，过河就是一句空话。不解决方法问题，任务也只是瞎说一顿"[①]。毛泽东之所以能够在艰难困苦中脱颖而出，并领导中国共产党取得各种奇迹般的成功，与他向来重视思想方法和工作方法的研究与总结是分不开的。他曾撰写和发表过一系列的相关文

　　[①] 《毛泽东选集》第 1 卷，人民出版社 1991 年版，第 139 页。

章和讲话。

在他看来，思想方法和工作方法是领导工作得以顺利进行的前提条件，在很大程度上影响和制约着领导工作的成败。因此，"领导工作不仅要决定方针政策，还要制定正确的工作方法。有了正确的方针政策，如果在工作方法上疏忽了，还是要发生问题。"① 而"制定正确的工作方法"，"思想方法"要对头，不能只考虑一种方法，要经常考虑几种方法来比较，比如修铁路，选线路要有几种方案，在几条线路里头选一条，"做事情，至少有两种方法：一种，达到目的比较慢一点，比较差一点；一种，达到目的比较快一点，比较好一点。"② 实际上，快或慢中也有辩证法。快，不一定好；慢，不一定差。而好和差也是相对的，从一个角度看是好，从另一个角度看可能就是差；此时为好，彼时可能就是差。做领导者，能不慎乎？

坚持正确的思想方法，就要一切从实际出发，理论联系实际，实事求是，其大敌是本本主义、主观主义和经验主义；坚持正确的工作方法，就要进行调查研究，密切联系群众，勇于实践，分清主次，齐头并进，其大

① 《毛泽东选集》第4卷，人民出版社1991年版，第1440页。
② 《毛泽东年谱（一九四九——一九七六）》第3卷，中央文献出版社2013年版，第222页。

敌是官僚主义、命令主义和分散主义。两者紧密相连，互为表里，相得益彰。思想方法不对头，工作方法就会有问题；而工作上没有章法，思想上就会乱成一团。从日常表现来看，思想方法是"因"，工作方法是"果"。但思想方法不是凭空产生的，而是过往的社会实践的结晶。

毛泽东所论述的思想方法和工作方法是非常细致和全面的。以面对一项前所未有的崭新的任务或工作为例，那么在寻求"解决"之道的时候，要"从调查情形入手"，"从群众中来，到群众中去"，"一般与个别相结合"，"对于具体情况作具体的分析"，同时要"多与人商量"，"认真地听取不同的意见"，"当断则断"，等等；而在扑下身子完成任务或干工作的时候，要"只唱一出《香山记》"，即抓中心和重点，"学会弹钢琴"，即统筹兼顾，"原则性与灵活性相结合"，"有了问题就开会"，"抓而且紧"，"检查评比"，"总结经验"，"赔一个不是"，等等。如此，形成了一套方法之链。其中，特别重要的是，面对新情况新问题，要敢于探索，勇于创新，正如他常说的"在战争中学习战争""在游泳中学会游泳"，凡事只有干起来才能真正地懂得如何来干，正如党所领导的改革开放，而要实现"两个一百年"的奋斗目标，同样需要进一步探索和创新。

在这样的过程中，还要"善于总结经验"。毛泽东曾说，每打一仗下来，都要总结一下，弄清正确的东西和错误的东西。既然是探索，就不可能不犯错误，关键是对错误的态度，要知错即改，不能将错就错。令人可能想不到的是，延安时期毛泽东为整风运动中发生的偏颇，多次认过错、道过歉，仅在中央党校就曾三次表示"赔一个不是"。作为领导者，批评下属或别人往往很容易，但是批评自己或上级则很难，往往受不了面子问题。现实生活中，许多领导干部就是因为没有做到这一点而逐渐酿成苦果。毛泽东把"有无认真的自我批评"看作是中国共产党与其他政党相区别的一个显著标志，可见它对党的重要性。2016年底，在中央政治局民主生活会上，习近平同志强调，批评和自我批评的武器要多用、常用、用够用好，使之成为一种习惯、一种自觉、一种责任。显然，这也是"两学一做"学习教育常态化制度化的一个重要要求。

毛泽东常讲，学习马克思主义，主要是学习和掌握马克思主义的立场、观点和方法。可以说，毛泽东论述的思想方法和工作方法，既是他对马克思主义方法论的具体运用，又是他对党实际工作经验的总结；既蕴含着马克思主义的一般要求，又体现了中国作风和中国方式。其中，不乏中国传统的智慧和方策。今天的领导干部，仍然在毛泽东参加创立的共产党组织中担负领导责任，仍然在毛泽东缔造的国家里进行领导活动，仍然在毛泽东开辟的社会主义事业中施展抱负。所以，要实现新的战略目标，学习毛泽东所提倡和运用的思想方法和工作方法是十分必要的。党组织和领导干部的日常工作中，直接产生作用的就是思想方法和工作方法。在很大程度上，中国共产党取得的一切成就，都是正确地运用思想方法和工作方法的结果。那么，在这样一个千年不遇的历史时期，只要方向正确，方法对头，党带领人民就能做到既有定力应对困难，又有勇气开拓创新，从而加快中华民族伟大复兴的步伐。

一、从调查情形入手

　　实事求是，一切从实际出发，是中国共产党重要的思想路线和工作路线。调查研究，则是达到"实事求是，一切从实际出发"的必要方法。毛泽东是中国共产党内最早认识到调查研究重要性和必要性的领导人。在领导中国革命和社会主义建设事业的过程中，毛泽东始终把调查研究作为了解实际情况、制定政策和检查政策执行情况的基本方法。正是因为对调查研究的极端重视，毛泽东带领中国共产党摆脱了教条主义的束缚，将马克思列宁主义的普遍原理和中国革命的具体实际相结合，开创出中国特色革命道路，创立新中国，并带领中国人民建立起社会主义制度。

　　当前，在中国共产党带领下，中国人民比历史上任何时期都更接近中华民族伟大复兴的目标，比历史上任何时期都更有信心、有能力实现这个目标。然而，毋庸讳言，我们在前进途中也遇到了前所未有的困难和挑战。如何认识不断变化的国内外形势，如何把握经济发展的新常态，如何破解阻碍经济社会发展的体制机制障碍，都需要我们继续贯彻实事求是的精神，从调查研究出发，从实际出发，提出新思路，想出新办法，开创新局面。习近平总书记强调："调查研究是谋事之基、成事之道。没有调查，就没有发言权，更没有决策权。"① 研究问题、制定政策、推进工作，刻舟求剑不行，闭门造车不行，异想天开更不行，必须进行全面深入的调查研究。因此，回顾毛泽东调查研究的实践，重温毛泽东调查研究的理论，是非常必要、非常及时的。

毛泽东调查研究的主要实践

早在青年时代，毛泽东就非常重视调查研究。从1917年夏到1918年夏的一年中，毛泽东三次以游学的方式到长沙附近和洞庭湖滨的农村考察。1918年冬至1919年春，他两次到北京近郊的长辛店铁路工厂进行调查。毛泽东曾帮助组织新民学会会员到法国勤工

---

① 《习近平关于全面建成小康社会论述摘编》，中央文献出版社2016年版，第191页。

俭学，他自己却没有去，对此他解释道："我觉得我对自己的国家还了解得不够，我把时间花在中国会更有益处。"① 他还提出，要对中国这个地盘内的情形有所认识，就不可不加以实地的调查和研究。

1921 年 7 月参加完中国共产党第一次全国代表大会，从上海回到湖南后，毛泽东即到长沙车站等地，同铁路工人、搬运工人一起喝茶聊天，了解他们的劳动、生活状况和思想要求。

1921 年 9 月到 1922 年冬，毛泽东先后四次到安源煤矿调查，了解煤矿的历史，了解工人的劳动和生活状况以及同资本家的矛盾，发动和指导工人运动。

1925 年 12 月，毛泽东根据自己多年的调查研究和从事工农运动积累的材料，写出《中国社会各阶级的分析》，用马克思主义的立场、观点和方法，分析了中国社会各阶级的经济状况和政治倾向，回答了中国革命依靠谁、团结谁和打击谁的问题。

1927 年 1 月 4 日至 2 月 5 日，他用 32 天时间，步行 1400 多里，实地考察了湘潭、湘乡、衡山、醴陵、长沙五个县的农民运动。3 月，毛泽东根据这次考察的

---

① ［美］埃德加·斯诺:《西行漫记》，东方出版社 2005 年版，第 142 页。

情况，向中共中央写了《湖南农民运动考察报告》。报告对农民运动给予充分的肯定，论述了农民问题在中国革命中的地位和无产阶级领导农民斗争的重要性，批评了陈独秀的右倾错误和对农民运动的指责。

1927年秋收起义之后，毛泽东到达井冈山，他利用艰苦战斗的间隙，围绕武装斗争、土地革命和根据地建设等重大问题，进行了一系列的调查研究活动，撰写了《中国的红色政权为什么能够存在?》《井冈山的斗争》《寻乌调查》《兴国调查》《长冈乡调查》《才溪乡调查》等著名的调查报告，从而走出一条工农武装割据、以农村包围城市武装夺取政权的中国革命正确道路。

1929年12月，毛泽东在红军第四军党的第九次代表大会的决议案中，首次把调查研究同党的路线、方针、政策联系起来，指出必须使党员注意社会经济的调查和研究，由此来决定斗争的策略和工作的方法，使同志们知道离开实际情况的调查，就要堕入空想和盲动的深坑。

1930年5月，毛泽东写了《反对本本主义》一文，提出："没有调查研究，就没有发言权"，"调查就像'十月怀胎'，解决问题就像'一朝分娩'"，"离开实际调查就要产生唯心的阶级估量和唯心的工作指导，那末，它的结果，不是机会主义，便是盲动主义"。①

1931年4月，在《总政治部关于调查人口和土地状况的通知》中，毛泽东进一步强调，不做正确的调查研究同样没有发言权。

1941年3月，延安出版了毛泽东编著的《农村调查》，他在序言中阐述了调查研究的重要性以及方法和态度，指出："要了解情况，唯一的方法是向社会作调查"，调查研究"乃是了解情况的最基本的方法"。同年5月，毛泽东在《改造我们的学习》的报告中，批评了"不愿作系统的周密的调查和研究，仅仅根据一知半解，根据'想当然'，就在那里发号施令"的主观主义作风，要求广大干部"应用马克思列宁主义的理论和方法，对周围环境作系统的周密的调查和研究"。

1941年8月，根据毛泽东的建议，党中央发布了《中共中央关于调查研究的决定》和《中共中央关于实施调查研究的决定》。随之，从党中央到中央各分局、各省委都先后设立了专门的调查研究机构；组织了各种类型的调查团，开展了广泛的调查研究活动，使调查研究在党内蔚然成风。

---

① 《毛泽东选集》第1卷，人民出版社1991年版，第109、110、112页。

1945 年 12 月，为了确保我党能建立巩固的东北根据地，毛泽东向东北局的广大干部提出"注重调查研究，熟悉地理民情"的指示。

新中国成立以后，毛泽东作为党和国家的最高领导人，仍然把调查研究作为自己的一项重要工作，经常到各地巡视、视察，组织和进行各种调查活动。1953 年 8 月，毛泽东在全国财经工作会议上深有感触地说，最近，我去武汉、南京走了一趟，知道了很多情况，很有益处。1953 年前后，毛泽东到各地农村视察，抓典型，掌握各方面情况，收集、整理、研究了大量材料，在此基础上写出了关于农业合作化问题的一系列著作和调查报告。自 1956 年 2 月开始，他和党中央其他负责人一起，为了总结社会主义建设的经验，探索适合我国国情的经济发展道路，用了一个半月时间，进行了周密系统的调查研究工作。他亲自听取了工业、农业、商业、运输、财政等 35 个部门的工作汇报，在查阅了大量资料的基础上写出了著名的《论十大关系》。

毛泽东调查研究的基本方法

在毛泽东的一生中，做了大量的调查研究。就其方法而言，除去青年时代的游学，毛泽东经常采用的调查研究方法主要有两种：第一是召开座谈会，第二是听取汇报。前者是直接的调查研究，后者是间接的调查研究。

　　毛泽东的调查活动，经常采用个别访谈和集体访谈的方式。不过，他最推崇和提倡的，是召开座谈会的集体访谈的方法。他认为，开座谈会的方法既简单易行，又真实可靠。他说："我用这个方法得了很大的益处，这是比较什么大学还要高明的学校。"① 为了开好调查会，毛泽东认为应注意几个技术性问题。

　　第一，注意调查对象的代表性和广泛性。他说："调查某个问题时，和那个问题无关的人不必在座，如调查商业时，工农学各业不必在座。"② 这就是说，要根据调查内容的不同，找不同类型的调查对象，与内容无关的人不要找。同时还要注意对象的广泛性。他在谈到座谈会到些什么人时说："以年龄说，老年人最好，因为他们有丰富的经验，不但懂得现状，而且明白因果。有斗争经验的青年人也要，因为他们有进步的思想，有锐利的观察。以职业说，工人也要，农民也要，商人也

　　① 《毛泽东选集》第 3 卷，人民出版社 1991 年版，第 790 页。
　　② 《毛泽东选集》第 1 卷，人民出版社 1991 年版，第 117 页。

要，知识分子也要，有时兵士也要，流氓也要。"①

第二，要事先准备好纲目。毛泽东认为，调查纲目要事先准备。调查人员按纲目提问。调查纲目要有大纲和细目。如"商业"是个大纲，"布匹""粮食""杂货""药材"都是细目，布匹下再分"洋布""土布""绸缎"等各个细目。

第三，开调查会时，一定要自己口问或手写，并同到会人员展开讨论。他说，开座谈会时，"还必须自己口问手写"，这样既可以保证记录的准确性及时性，便于日后自己整理，也容易与群众打成一片。

开座谈会与其他调查方法比，最主要的优点，在于能就所调查的问题展开充分的讨论。毛泽东在谈到调查技术时说："要开调查会作讨论式调查"，"只有这样才能近于正确，才能抽出结论。那种不开调查会，不作讨论式的调查，只凭一个人讲他的经验的方法，是容易犯错误的。那种只随便问一下子，不提出中心问题在会议席上经过辩论的方法，是不能抽出近于正确的结论的。"②讨论是一种群体活动，主持人简单地说一句，"大家讨论吧"，未必能讨论起来。要想使座谈会开成讨

---

① 《毛泽东选集》第 1 卷，人民出版社 1991 年版，第 116—117 页。

② 《毛泽东选集》第 1 卷，人民出版社 1991 年版，第 116 页。

论会，使参加者无拘无束，畅所欲言，主持人必须掌握调查对象的心理，采取一些特殊的方法，创造出有利于讨论的气氛。

第一，甘当小学生，不耻下问。在社会调查中，调查者任何高高在上的态度和鄙薄轻视的神情，都会引起被调查者的反感，从而影响调查效果。毛泽东认为，在调查研究时，没有满腔的热情，没有眼睛向下的决心，没有求知的渴望，没有放下臭架子甘当小学生的精神，是一定不能做，也一定做不好。群众是真正的英雄，而我们自己则往往是幼稚可笑的，不了解这一点，就不能得到起码的知识。

第二，和群众做朋友。毛泽东在 1941 年 9 月写了《关于农村调查》一文，在总结自己调查研究的经验时，曾经讲过一段很深刻的话。他说：怎样使对方讲真话？各个人特点不同。因此，要采取的方法也各不相同。但是，主要的一点是要和群众做朋友，而不是去做侦探，使人家讨厌。群众不讲真话，是因为他们不知道你的来意究竟是否于他们有利。要在谈话和做朋友的过程中，给他们一些时间摸索你的心，逐渐地让他们能够了解你的真意，把你当作好朋友看，然后才能调查出真实的情况。"我在兴国调查中，请了几个农民来谈话。开始时，他们很疑惧，不知我究竟要把他们怎么样。所以，第一天只是谈点家常事，他们脸上没有一点笑容，也不多讲。后来，请他们吃了饭，晚上又给他们宽大温暖的被子睡觉，这样使他们开始了解我的真意，慢慢有点笑容，说得也较多。到后来，我们简直毫无拘束，大家热烈地讨论，无话不谈，亲切得像自家人一样。"①

新中国成立以后，毛泽东作为党和国家的最高领导人，经常到各地巡视、视察，组织和进行各种调查活动，主要是听取各方面的汇报。为了获得真实的情况，毛泽东形成了自己的一套听取汇报的方法。

第一，要在亲自进行实地调查的基础上听取汇报。从1955年下半年到1956年初，我国生产资料私有制的社会主义改造进入高潮。新中国经济建设从1953年实施第一个五年计划算起，已经有了三年多的实践经验。经济发展较快，效果也比较好。但那时我国的社会主义经济建设主要是学习苏联。当时苏联虽然完成了社会主义工业化和农业集体化，但也暴露出了不少问题。与此相关，我国的经济建设也出现了一些问题。在这种背景下，毛泽东向全党提出了总结经济建设的经验，探索适合我国情况的发展道路的历史任务。从1955年12月开始的一段时间内，毛泽东和刘少奇等中央领导人抽出大

① 《毛泽东文集》第2卷，人民出版社1993年版，第384页。

量的时间，从事调查研究和听取汇报。从 1955 年 12 月 21 日到 1956 年 1 月 12 日，毛泽东离京考察期间，沿途即找地方干部谈话，做了一路调查工作。

在进行实地调查的基础上，从 1956 年 2 月开始，毛泽东用了一个半月的时间，听取了中央工业、农业、商业、运输业、财政等 35 个部门的工作汇报。薄一波说："在听取汇报的那些日子里，毛主席十分疲劳。""每天是'床上地下，地下床上'，起床就听汇报，穿插着处理日常工作，听完汇报就上床休息。"在听汇报的过程中，毛泽东还对"只有干巴巴的条条或数字，没有事例"的汇报，提出了尖锐的批评。他说："请我的客，又不给我肉吃，是不是自己要留一手？"在调查研究的基础上，毛泽东经过反复的研究、思考，提出了社会主义改造和社会主义建设中的十个问题和矛盾（即十大关系），规定了正确处理这些关系的一系列方针、原则，初步探索了适合我国国情的社会主义建设道路。

第二，亲自组织和领导调查组分赴各地调查，听调查组的汇报。为了扭转国民经济的困难局面，切实纠正"大跃进"以来的"左"倾错误，1961 年 1 月，中共中央在北京召开了八届九中全会，提出了对国民经济实行"调整、巩固、充实、提高"的八字方针。毛泽东在会上呼吁"大兴调查研究之风"，一切从实际出发，使

1961 年成为调查研究年，实事求是年。

八届九中全会闭幕后，在毛泽东直接组织和领导下，派出了三个调查组到浙江、湖南、广东调查，分别由田家英、胡乔木和陈伯达任组长。按照毛泽东的意见，三个调查组迅速组成，很快便分赴浙江、湖南、广东的农村社队开始了深入细致的农村调查。后来毛泽东在杭州分别听取了浙江、湖南、广东三个调查组的情况汇报，阅读了各调查组整理的调查材料，从而对农村人民公社的管理体制、社队规模、分配制度、公共食堂等问题有了比较符合实际的认识。

1960 年 12 月，他曾派身边的警卫员李银桥、封耀松等六人到河南调查，要求他们，"要讲实话，不许说假话，不许隐瞒欺骗"！

在听取汇报的过程中，当汇报人只谈成绩，不谈存在的问题时，他都要反复问："有什么问题没有？不要只说成绩，我想知道有什么问题没有？"①

此外，毛泽东还比较注意听取亲友和在自己身边工作的人员的汇报。毛泽东到北京后，一些亲友都希望能到北京看望他，他一般不会轻易同意。但如果说是

---

① 李捷、于俊道主编：《东方巨人毛泽东》，解放军出版社2001 年版，第 104 页。

有情况向他汇报，他一般都会同意。如 1953 年 1 月毛泽东致信他的表侄文九明说，"你有关于乡间的意见告我，可以来京一行"①。同年 10 月致信毛月秋说："为了了解乡间情况的目的，我同意你来京一行。"1950 年 5 月 7 日，毛泽东给湖南第一师范学校读书时的同学粟济世去信，了解政府下令纠正"征粮弊病"之后的实际效果如何。1951 年 1 月，给毛逸民去信，望"常常来信，告我乡中情形"。但亲友在信中谈到一些地方事情并要求他处理时，他不直接处理，认为"地方事，我只愿收集材料以供参考，不愿也不应当直接处理一般地方性的问题，使地方党政不好办事"②。毛泽东这种调查了解情况不避亲，处理问题不使地方党政为难的方法是值得效法的。

毛泽东调查研究的基本特点

带着问题做调查。"调查就是解决问题"。调查研究是一项创造性很强的社会活动，通过调查研究不仅要说明情况和原因，更重要的是提出意见，作出决策，解决

---

① 杨庆旺编著:《毛泽东致家人、亲友及工作人员》，中共党史出版社 2014 年版，第 217 页。

② 《毛泽东书信选集》，人民出版社 1983 年版，第 468 页。

问题。毛泽东一再强调，调查研究的目的就是解决问题，只有不断深入地进行调查研究，才能了解实际情况，发现问题并找出解决问题的途径。他主张在决策前一定要开展调查研究工作，按照实际情况决定工作方针，要培养问题意识，提高研究能力，开展讨论式的调研，提高调查研究的针对性和实效性；不仅要通过调研了解问题的来龙去脉，而且要提出解决问题的办法。他后来说，他凡是没有办法的时候，就去调查研究，一经调查研究，办法就出来了，问题就解决了。毛泽东坚决反对盲目地为调查而调查，反对不带问题不着边际的调查研究，更反对印证式的、歌功颂德式的、浮光掠影式的调查研究。"要依靠自己亲身的调查研究去解决问题"①。在 1961 年 3 月的广州中央工作会议上，毛泽东曾向与会者介绍了他 1930 年所写的《调查工作》（即《反对本本主义》一文的主要内容），并且深有感触地说，做领导工作的人要依靠自己亲身的调查研究去解决问题。

"要拼着精力把一个地方研究透彻"。毛泽东在《寻乌调查》一文中写道："要拼着精力把一个地方研究透彻，然后于研究别个地方，于明了一般情况，便都很容

---

① 《毛泽东文集》第 8 卷，人民出版社 1999 年版，第 253 页。

易了。倘若走马看花，如某同志所谓'到处只问一下子'，那便是一辈子也不能了解问题的深处。这种研究方法是显然不对的。"毛泽东调查研究特别强调突出重点，选准典型，要坚持做到"走马看花"与"下马看花"相结合，坚持个别与一般相结合，力求从个别问题深入，把一个地方研究透彻，然后再研究别个地方，找出一般性的规律来。要注意找调查的典型，在一切活动中找出几个令人满意的和令人不满意的典型，找出先进、中间和落后的典型；更要到困难较多、情况复杂、矛盾尖锐的地方去，集中一段时间和精力，经过深入研究，求得工作改进，这样可以使我们同现实发展的情况保持密切的联系。要找有各种不同看法的人交换意见，并多注意听反面的意见。他坚决反对"蜻蜓点水""到处只问一下子""闭塞眼睛捉麻雀""瞎子摸鱼"一知半解的调查研究。

"要做系统的由历史到现状的调查研究"。在 1961 年的广州中央工作会议上，毛泽东针对 1958 年"大跃进"和人民公社化运动的教训指出，最近几年，凭感情和估算办事，吃情况不明的亏很大，付出的代价很大。要做系统的由历史到现状的调查研究，没有这种调查研究，就不能产生正确的具体政策。毛泽东一再强调，调查研究要带着哲学头脑"下去"，强调"分析好""研究

好",才能有"大有益""大收获",大略的调查研究可
以发现问题,但是还不能解决问题,要解决问题还须做
系统周密的调查研究,这就是分析的过程。也就是说,
调查研究重在研究,调查的目的是掌握真实情况,而研
究就是针对调查中发现的难点、热点、重点等关键性问
题,通过"交换、比较、反复",提出解决问题的可行
性办法或措施,进而从根本上解决问题。①

毛泽东晚年调查研究活动的教训

毛泽东的调查研究实践,对开创中国共产党调查研
究的新风,确立和贯彻党的实事求是的思想路线,对毛
泽东思想的形成和发展,对中国革命和建设事业的胜
利,起了重要的历史作用。但是,在毛泽东的调查研究
活动中,曾经出现过曲折和反复。在他的晚年,由于种
种原因,亲自做调查研究少了,不像革命年代那样深入
认真了,在许多问题上违反了自己长期以来倡导的调查
研究、实事求是的思想原则和作风。

一方面,严格的保卫制度以及部分干部官僚主义的

---

① 参见《学习毛泽东的调查研究艺术》,《学习时报》2012 年
3 月 26 日。

倾向，使得毛泽东很难和普通群众亲密接触。中央为了毛泽东的安全着想，派了大量的警卫跟随，无论去哪儿都寸步不离，他已经无法自由地深入人民群众进行长期的、详细的调查研究。即使被调查对象不是精心安排好的，老百姓们也是报喜不报忧，不敢随便讲真话。1959年6月，当毛泽东重回阔别32年的故乡韶山时，他跟老乡们进行了短暂的交流。毛泽东问农户毛霞生："水稻亩产多少斤？"毛霞生看到公社、大队干部都在，便不想讲。毛泽东一再催促他，他才说："亩产800斤。"毛泽东又问："是一稻800斤还是两稻？"毛霞生只好壮着胆子讲道："一稻。要讲实话，就是两稻。"他又指着公社、大队干部说："是他们叫我这样讲的，我要是讲了真话，你走了，他们会批评我的。"当毛泽东问他们对政府、对生产安排甚至对他本人有什么意见时，大家也都是一堆好话。于是毛泽东有点生气地说："我不回来，你们盼我回来；今天我回来了，你们又不同我讲真话！"[①] 由此可知，连自己的老乡都不敢讲实话，其他地方的百姓又怎么会讲实话？

　　另一方面，由于调查研究的指导思想有"左"的错

---

　　① 萧心力、王春明：《老一代革命家故园行》，中央文献出版社2000年版，第64页。

误，被所谓"以阶级斗争为纲"的既定框框所束缚，因而在材料的取舍和情况的了解上常常带有主观性、片面性和局限性。1957 年，时任空军副参谋长的何廷一受毛泽东委派回家乡做调查。何廷一回到家乡福建长汀，对家乡实行农村高级社以后的情况进行了深入细致的调查。何廷一在向毛泽东当面汇报时说了实话："我是城里长大的人，在农村见了一些亲友，他们异口同声地说粮食不够吃，希望能多分点。县里要我向主席反映，长汀县城里手工业多，原材料少，纺织工人缺棉花，织布机基本停了，生活都受影响，要求解决棉花。"听到这里，毛泽东插话说："没有棉花织什么布呀？"何廷一看毛泽东不太高兴，就不再说什么了。事后，叶子龙说："风向如此，你少说两句好不好！"叶子龙所说的风向问题是，在此前后各级干部反映合作化运动过急、过快、过粗带来一系列问题传到了毛泽东的耳边。遗憾的是，毛泽东没有采取欢迎的态度，认为这是"吹来了一股小台风"，是反映了地主、富农、富裕中农的思想，因此决心要"把合作社的一切怪论打下去"[①]。

尽管毛泽东晚年犯了严重错误，但是他对中国革命

①　参见钟兆云：《毛泽东和老革命家的友情》，中国青年出版社2008 年版，第 223 页。

的巨大功绩，他在调查研究的理论和实践上所作的卓越贡献，仍然是无可否认的。作为一个伟大的马克思主义者，伟大的无产阶级革命家、战略家和理论家，他是当之无愧的。

二、"分析方法是极重要的"

分析与综合是最基本的工作方法，也是最重要的思维方法。而在两者之中，分析又是综合的前提。因此，分析在工作方法中具有不可替代的基础地位。

纵观毛泽东探索、领导中国革命和建设的过程，我们可以看出，他关注最多并且特别强调的工作方法就是分析。无论是在其谈话、各种论著还是读书批注中，他都有对分析方法的说明和对分析方法重要性的强调。毛泽东曾用生动的比喻论证分析方法的重要性："我们不但要提出任务，而且要解决完成任务的方法问题。我们的任务是过河，但是没有桥或没有船就不能过。不解决桥或船的问题，过河就是一句空话。不解决方法问题，任务也只是瞎说一顿。"[①] 中国共产党要领导好、管理好，必须注重方法的研究。

---

① 《毛泽东选集》第 1 卷，人民出版社 1991 年版，第 139 页。

毛泽东对分析方法的强调

毛泽东在读《通鉴纪事本末》中的《石勒寇河朔》一节时，提出了历史认识过程中的一个重要原则："分析方法是极重要的。"①

实际上，就毛泽东提出这个方法的本意来说，他不是思考历史研究的原则问题，而是对后赵石勒的谋士张宾善于形势分析的一种赞许。西晋末年，后赵石勒日益强大，原计划去袭击奢侈腐败又想自立为王的西晋幽州都督王浚，但他迟迟下不了决心。谋士张宾看透了石勒下不了决心的原因，主要是怕袭击幽州时，西晋的并州刺史刘琨以及鲜卑、乌桓在后面袭击他。张宾对当时的形势进行了分析，他认为刘琨、鲜卑、乌桓"三方智勇，无及将军者"，所以"将军虽远出，彼必不敢动"，这是其一。同时，他们三方面不能料到我们有"悬军千里"进取幽州的计划，我方出师往返，"不出二旬"，即使他们有袭击的想法，"谋议出师"时，我们已经回师，这是其二。此外，刘琨、王浚虽同为晋臣，但彼此不和，"实为仇敌"，只要和刘琨疏通好，他必希望我方去打王

① 张贻玖：《记录和解读毛泽东的读史批注》，当代中国出版社2010年版，第61页。

浚，绝不会在后面袭击，这是其三。所以，"用兵贵神速"，他建议石勒不要错过时机。石勒采纳了张宾的建议，进逼幽州杀了王浚，事态的发展正符合张宾的分析。毛泽东对张宾的分析很是欣赏，因为他的分析对石勒的最后决策起了很大作用。于是，他针对张宾的献策提出了"分析方法是极重要的"看法。

毛泽东对这段历史感兴趣，作出以上批注不是偶然的。早在1944年4月，他在《学习和时局》一文中就号召："要去掉我们党内浓厚的盲目性，必须提倡思索，学会分析事物的方法，养成分析的习惯。"[①] 从这里我们可以看到他对分析方法的极端重视。"思想好，能分析。分析好，大有益"[②]，这是毛泽东对分析方法所唱的颂歌。

类似的例子还有不少。毛泽东在很多文章中都提出，干什么工作，要想做好，必须要调查了解和细密分析。他在《〈农村调查〉的序言和跋》一文中批评一些干部说："现在我们很多同志，还保存着一种粗枝大叶、不求甚解的作风，甚至全然不了解下情，却在那里担负

---

① 《毛泽东选集》第3卷，人民出版社1991年版，第948—949页。

② 《毛泽东军事文集》第6卷，军事科学出版社、中央文献出版社1993年版，第395页。

指导工作，这是异常危险的现象。"① 在上文中，张宾之所以能毅然向石勒提出合适的决策来，完全是由于这个决策是他在仔细了解情况后才下的结论。这个决策表面看来有些冒险，但张宾心里却是很有底、很有把握的。

1941 年 9 月，毛泽东在延安对中央妇委和中共中央西北局联合组成的妇女生活调查团的谈话中，着重强调了运用分析方法认识社会和研究历史的问题。他说："这里特别要注意的是分析。应该是分析而又综合，就是在第二步骤的分析中，也有小的综合。古人说：文章之道，有开有合。这个说法是对的。苏东坡用'八面受敌'法研究历史，用'八面受敌'法研究宋朝，也是对的。今天我们研究中国社会，也要用个'四面受敌'法，把它分成政治的、经济的、文化的、军事的四个部分来研究，得出中国革命的结论。"② 从毛泽东这个谈话中，我们可以看出，无论研究历史还是研究现实社会，分析方法都是需要的。所谓苏东坡用"八面受敌"法研究历史，实际上就是把社会历史问题分别进行分析研究，然后再得出总的看法。因此，我们借鉴苏东坡的方法，可以把

---

① 《建党以来重要文献选编（1921—1949）》第 18 册，中央文献出版社 2011 年版，第 183 页。

② 《毛泽东文集》第 2 卷，人民出版社 1993 年版，第 380—381 页。

社会或历史问题，分别从政治、经济、文化、军事四个方面先进行分析研究，然后再综合起来进行认识。此外，1964年，毛泽东在与周培源等谈论日本物理学家坂田的文章时说："分析很重要。'庖丁解牛'，就因为他掌握了分析的要领，恩格斯在接触医学时，就很重视解剖学。"① 毛泽东把分析看作是一种类似医学上的解剖学的方法，认为只有善于分析，掌握了分析的要领，才能娴熟地理解和处理事物。

毛泽东是善于运用分析方法的典范

毛泽东具有善于分析的品格。在领导全党建设社会主义的过程中，他与其专列列车员姚淑贤的交谈以及同太行区委书记陶鲁笳等人的谈话最能说明这一点。

20世纪60年代初，毛泽东乘专列到湖南视察。列车启动后，他便与工作人员聚在一起聊天。期间，女儿李敏说，她给祖父、祖母扫墓时，看到好多算卦的，而且扫墓时还听到有人骂毛泽东。恰巧，这时列车服务员姚淑贤走了进来。毛泽东坦然地笑着说："小姚，我女

① 盛巽昌：《毛泽东眼中的历史人物》，上海辞书出版社2005年版，第50页。

儿去扫墓，说还有人骂我呢。"小姚严肃地说："肯定是阶级敌人！"毛泽东仍笑着说："不对，不能说的这么绝对。有人骂是正常的，没人骂是不正常的。骂我的人有坏人，也有好人。好人有时也会骂人的。因为我也不是一贯正确嘛。"专列内，气氛平静。停了一会儿，毛泽东继续说："我也是个人，毛泽东也是个人。人总是要死的，我也是要死的。什么高瞻远瞩，不是那么回事。我死后，我搞的这些东西也会有人骂，有些会被实践证明不对。我是人，是人就有错误。但我有信念，我还是要革命，别人骂什么我也还是要革命……"① 毛泽东运用马克思主义辩证唯物论的观点，对"骂我"现象进行了分析，又以自知之明的认真态度、严格地解剖自己，并毫不含糊地批判了那种过分吹捧他的言论，这表现了毛泽东善于运用分析方法解决问题的能力和实事求是的伟人风范，很值得我们认真学习。

此外，毛泽东与太行区委书记陶鲁笳等人的谈话也是一个范例。

1949 年 4 月 25 日，在香山脚下的双清别墅，毛泽东接见了山西太行区委书记陶鲁笳和冷楚、周壁等

---

① 张素华、张鸣主编：《领袖毛泽东自述历程》第 1 卷，中央文献出版社 2003 年版，第 296 页。

人。毛泽东亲切地问："你们来北平开的什么会呀？"陶鲁笳回答："主要是学习主席在七届二中全会上的讲话。""噢，有什么看法吗？"毛泽东谦虚地问。三人想了想后，陶鲁笳先开了口："我体会，党的工作重心已由农村转向城市了，转向以生产建设为中心了，这就迫切需要我们学习新的知识……"其他二人也说："需要我们学会管理和建设城市。""主席所说的与不拿枪的敌人作斗争将更复杂更不容易，我印象最深啦。""敌人的枪炮换成了'糖衣炮弹'，我们要警惕被它击中……"这样，三个人你一言我一语地说了一阵。毛泽东一直认真在听，看着大家说得差不多了，他才发言讲"四面八方"的问题，毛泽东说："关于劳资两利，许多同志只注意到其中一方，而不注意另一方，你们看二中全会决议中讲到我们同民族资产阶级之间有限制和反限制的斗争，目前，其精神的侧重点，不在于限制而在于联合民族资产阶级。那种怕和资本家来往的思想是不对的。如果劳资双方不是两利而是一利，那就是不利。为什么呢？只有劳利而资不利，工厂就要关门；如果只有资利而劳不利，就不能发展生产。""公私兼顾亦如此，只能兼顾，不能偏顾，偏顾的结果就是不顾，不顾的结果就要垮台。""二中全会决议中提出要利用城乡资本主义的积极性，新富农是农村的资产阶级，要发挥他们的积极性，现在他们要求发展生产，是适合我们需要的。"①毛泽东归结道："四个方面的关系中，公私关系、劳资关系是最基本的。四面八方，缺一面，缺一方，就是路线的错误、原则的错误。"毛泽东把这个问题的重要性提得很高："世界上除了四面八方，再没有什么五面十方。照顾到四面八方，这就叫全面领导……"②毛泽东的讲话出乎陶鲁笳等人的意料，深深震撼着他们的心。

毛泽东运用马克思主义唯物辩证法，阐述了工作重心转到城市后的经济政策，其分析全面、透彻，深入浅出、寓意深远。善于分析是毛泽东的基本品格之一，他的其他不少品格可以说是由这一品格派生而来的。

分析方法"极为重要"的原因

毛泽东如此强调分析方法，并在实践过程中充分运用了分析方法，那么，分析方法为什么"极为重要"呢？

首先，因为马列主义的方法，基本点就在于分析。

---

① 逢先知、金冲及:《毛泽东传》第3册，中央文献出版社2013年版，第1027页。

② 以上参见李约翰等:《和省委书记们》，中央文献出版社1994年版，第5、6页。

分析方法是十分重要的思维方法，没有分析就不可能产生对事物正确深入的认识。我们只有对事物进行透彻的分析，才能获得对事物透彻的认识。我们要深入到事物的内部，必须对事物进行分析，即由模糊或混沌的整体分解为多个部分，然后对各个部分逐一进行考察；对于复杂的事物，往往还要进行多层级的分析考察。只有这样，我们才能正确认识事物的要素、结构、功能、本质和规律等。当然，这样做的前提，是以这类事物的理论作为分析的框架，以事物的系统事实为分析的材料。

其次，分析方法之所以重要，也是由认识的规律决定的。认识的一大规律是：认识都是从个别或特殊开始的，并且经过从个别到一般，又从一般到个别的多次循环往复的过程完成对个别，即具体事物的认识。而这些个别往往是事物的一种现象或是一个事实。但是，无论是对事物的特征、特点、要素、结构和功能的认识，还是对事物本质、规律、条件及其发展可能等的认识，都是从事物的个别现象或个别事实开始的，并且是以事物的系统现象或系统事实的总和为根据的。由于任何一种个别现象或个别事实都不可能显示事物所有部分与整体的全部信息，而只是表现出其中一个部分或几个部分、方面的信息，因而信息在其现象中必然包含着一些非本质的、偶然的因素，这都需要对其进行分析、比较、鉴别和剔除，才能将其本质性的东西抽象出来；当一个现象表现出多个部分或方面的信息时就更需要分析了。所以，从认识本身的规律来看，分析是认识事物的基本方法。一切对事物的理性认识都是建立在对事物的事实进行分析的基础之上的，舍此别无他途。

由于事物的每一现象或事实都是通过实践得到认识的，甚至是通过实践产生的，而实践是一步一步地进行的，所以对事物的感性认识是一步一步地获得的。

从上面的分析中我们可以看到，对事物的理性认识往往也是一步一步地进行和获得的。可见，认识遵循着如下的理路：人们对于事物的认识一般都是由零碎到系统、由片面到全面，即由部分到整体、由局部到全局的，这是认识的规律之一。这就要求我们，在认识事物时不要急于求成，要耐心细致地、一步一步地对事物的现象或事实进行分析与综合，既要在分析的时候做到"只见树木不见森林"，又要在综合的时候"既见树木又见森林"。

为了说明运用分析方法的重要性，毛泽东还以经典作家对这种方法的运用来说明这个问题。他说："马克思的《资本论》就是用这种方法来写成的，先分析资本主义社会的各部分，然后加以综合，得出资本主义运动的规律来。"① 后来，在《整顿党的作风》的演说中，毛泽东又谈到了马克思对资本主义社会的研究。他说："马克思不但参加了革命的实际运动，而且进行了革命的理论创造。他从资本主义最单纯的因素——商品开始，周密地研究了资本主义社会的经济结构。商品这个东西，千百万人，天天看它，用它，但是熟视无睹。只有马克思科学地研究了它，他从商品的实际发展中作了巨大的研究工作，从普遍的存在中找出完全科学的理论来。"② 这就说明，要认识资本主义社会的性质和它的发展规律，只有像马克思那样，对社会问题进行详尽透彻的分析，然后再在分析的基础上进行综合，这样才能得到关于资本主义的理性认识。

为了说明分析与综合方法的重要性，毛泽东还对党的干部强调了分析问题对于解决问题的重要影响。1942年2月，毛泽东在延安干部会上讲《反对党八股》的有关问题时说："大略的调查和研究可以发现问题，提出问题，但是还不能解决问题。要解决问题，还须作系统的周密的调查工作和研究工作，这就是分析的过程。……这里所讲的分析过程，是指系统的周密的分析

---

① 《毛泽东文集》第 2 卷，人民出版社 1996 年版，第 380 页。

② 《毛泽东选集》第 3 卷，人民出版社 1991 年版，第 816—817 页。

过程。常常问题是提出了，但还不能解决，就是因为还没有暴露事物的内部联系，就是因为还没有经过这种系统的周密的分析过程，因而问题的面貌还不明晰，还不能做综合工作，也就不能好好地解决问题。"①毛泽东认为，一个领导干部无论写一篇文章或是一篇演说，如果是重要的带指导性质的，总得要提出一个问题，接着加以分析，然后综合起来，指明问题的性质，给以解决的办法。他号召大家学会应用马克思主义的方法去观察问题、提出问题、分析问题和解决问题。如此，所办的事才能办好。这里，毛泽东显然是针对党的实际工作中的问题讲的，但对于人们认识社会历史问题，也是同样有用的。从认识论的理论上看，并没有根本区别。

毛泽东认为，一个人分析能力的大小往往决定了他工作能力的大小。例如，会打仗不会打仗，不在于读过多少本军事书，而在于他是否善于分析敌我斗争形势。1965 年，毛泽东在杭州会议上说："国民党的军官，陆军大学毕业的，都不能打仗。黄埔军校只学几个月，出来的人能够打仗。我们的元帅、将军，没有几个大学毕业的。""自己本来也没有读过军事书，只读过《左传》、《资治通鉴》，还有《三国演义》。这些书上都讲过打仗，

---

① 《毛泽东选集》第 3 卷，人民出版社 1991 年版，第 839 页。

但是打起仗来，一点印象都没有了。我们打仗，一本书也不带，只是分析敌我斗争形势，分析具体情况。"① 毛泽东的这段话充分说明，分析是何等重要！而毛泽东之所以成为历史的巨人，与他的分析能力有着密切关系，善于分析是毛泽东领导中国革命取得成功的重要因素。

如何正确运用分析方法

那么，如何才能正确地运用分析方法呢？毛泽东特别强调了如下几个方面。

第一，要掌握正确的观点。这就是说，一定要掌握马克思主义的立场、观点来分析问题。马克思主义的立场、观点、方法是观察纷纭世界的金钥匙。作为个人来说，经验思维固然重要，但理论思维更带有根本性。学习和掌握马克思主义的立场、观点和方法，是提升理论思维层次的最佳途径。共产党员只有努力学习和掌握马克思主义的立场、观点、方法，才能从根本上不断提高自己的思想理论水平和辨别是非的能力，增强认识世界和改造世界的能力，坚定中国特色社会主义信念和共产

① 董志新：《毛泽东读〈三国演义〉》，上海人民出版社 2001 年版，第 65 页。

主义理想；才能全面正确地理解和贯彻党的基本理论、基本路线、基本纲领、基本经验和各项方针政策，坚定不移地继续解放思想、坚持改革开放、推进科学发展、促进社会和谐；才能不断改进工作作风和工作方法，增强工作的原则性、系统性、预见性、创造性，克服和避免摇摆性、片面性、盲目性，把自己的工作做得更好。钱学森曾说，假设一个人用马克思主义哲学去指导工作，那就会如虎添翼。实践表明，只有系统掌握了马克思主义的基本理论，一个人才能登高望远，胸怀全局，明辨是非，把握规律，才能做一个坚定、清醒、有作为的共产党员。

学习马克思主义，重在掌握马克思主义的立场、观点、方法。掌握其中的立场、观点、方法，是我们学习马克思主义的真谛所在。毛泽东在党的六届六中全会上提出，我们"应当了解马克思、恩格斯、列宁、斯大林他们研究广泛的真实生活和革命经验所得出的关于一般规律的结论"[1]。在延安对中央妇委和中共中央西北局联合组成的妇女生活调查团的讲话中指出："我们一定要把握住这方面的观点，这种观点，就是对立统一和阶级

---

① 《毛泽东选集》第 2 卷，人民出版社 1991 年版，第 533 页。

斗争。"① 毛泽东自己就是通过出色地运用对立统一和阶级斗争的观点，在一系列的农村调查中分析问题解决问题的。

第二，要详细地占有材料，抓住要点。毛泽东强调，材料要搜集得愈多愈好，但一定要抓住要点或特点（即矛盾的主要方面）。马克思研究资本主义，列宁研究帝国主义，都是收集了很多材料，但并不是全部采取，而只是采用最能表现特点的那一部分。

第三，要善于运用抽象思维。毛泽东在读河上肇著，李达等译的《马克思主义经济学基础理论》一书时，对于分析问题必须用抽象力这一点有明确的认识。书中说："所谓分析（Analyse），用列宁的话说，便是为了'认识统一事物中充满矛盾的构成分子'，'把统一物分解出来的事情'。但是，这却和分析自然现象不同，'当分析经济的诸状态时，显微镜和化学的试验，都不中用，必须抽象力来代替这两者'。"毛泽东很赞同这个论述，他批了"不能用肉眼看见，必须用抽象力"几个字。② 分析社会问题"必须用抽象力"这一点，并非人人都能做到，有些人不愿意开动脑筋，满足于形式主

① 《毛泽东文集》第 2 卷，人民出版社 1993 年版，第 381 页。
② 《毛泽东哲学批注集》，中央文献出版社 1988 年版，第 489 页。

义地看问题，是不能正确地分析问题的。因此，毛泽东在《关于农村调查》一文中强调："我们要用钻研的方法来分析客观，分析阶级。对实际问题不应当熟视无睹，应当捣毁'牛皮公司'，应当经过自己头脑深思熟虑，应当把理论与实践结合起来。"①

　　总之，分析是思维的基础，没有分析就没有思维，甚至没有认识。掌握分析的方法，培养善于分析的品格，养成善于分析的习惯是十分重要的。毛泽东自己正是运用这些方法分析了许多社会实际问题，是运用这种逻辑思维方法的典范。

---

　　① 《毛泽东文集》第 2 卷，人民出版社 1993 年版，第 381 页。

三、"多谋善断"

毛泽东曾说，领导者的责任，主要是出主意、用干部两件事。这里说的"出主意"，也就是古人所说的"谋"。而所谓"断"，就是人们处理事情的决心。"善断"，要求断得准，断得及时。多谋善断，是党一贯倡导的科学的工作方法和领导方法。不谋而断，叫主观武断；谋而不断，叫优柔寡断。只有多谋善断，我们才能做到主观同客观相符合，对工作实行正确而及时的指导。在除弊兴利、推进改革、全面建设社会主义现代化国家、全面推进中华民族伟大复兴的今天，各级领导干部尤其需要学会和坚持多谋善断这个科学的领导方法。

问题的提出

"多谋善断"，是毛泽东 1959 年上半年强调的工作方法。

1959 年 3 月下旬，中共中央在上海召开政治局扩大会议，会议对 1959 年的国民经济指标作了一些调整。由于毛泽东认为钢的指标仍然偏高，便委托陈云进一步落实。期间，陈云、薄一波、柯庆施等人到专列上来向毛泽东请示汇报工作，毛泽东向他们讲起了"多谋善断、留有余地"的问题。

毛泽东提出，希望大家看一看《三国志》中的《郭嘉传》。郭嘉是三国时期的一位著名人物，最初在袁绍部下，但他认为袁绍"多端寡要。好谋无决，欲与共济天下太难"；后经荀彧推荐，成为曹操的重要谋臣，追随左右，运筹帷幄，协助曹操南征北战，擒吕布、破袁绍，北伐乌桓，功绩卓著。后来郭嘉英年早逝，曹操非常惋惜，称赞他："每有大议，临敌制变。臣策未决，嘉辄成之平定天下，谋功为高"。郭嘉足智多谋，而曹操能够问计于郭嘉等谋臣，听取他们的意见，果断作出决策，这说明他是一个知人善任、多谋善断的人物。

1959 年 4 月 2 日至 5 日，中共中央在上海召开八届七中全会，会议继续纠"左"。会上，毛泽东讲了九条意见，第一条讲的就是多谋善断。他说，多谋善断，重点在谋字上。要多谋，少谋不行。要与多方面商量，要反对少谋武断。商量又少，又武断，那事情就办不好。谋是基础，只有多谋，才能善断。多谋的办法很多，如开调查会、座谈会，谋的目的是为了断。①

　　会上，毛泽东还提到党内的民主生活问题。他说，我这个人也有旧的东西，比如有一次，我的弟弟毛泽覃同志和我争论一个问题，他不听我的，我也没有说服他，就要打他。他当场就质问我。事后，他还在一些人面前讲我的闲话，说："共产党实行的是党法，还是家法？难道我不同意他的意见就打人？"讲了这段话后，毛泽东说："在我们党内，不能搞家长制的领导。要实行民主集中制，对人民对同志，不能压服，只能说服；要以理服人，我们都是平等的同志关系。"②

　　毛泽东为什么如此强调多谋善断，以身说法谈民主集中制呢？20世纪50年代后期，党内"左"倾错误日渐严重，党中央制定了"鼓足干劲、力争上游，多快好省地建设社会主义"的总路线。紧接着，人民公社化运动和"大跃进"运动一哄而起，人们憧憬着并不清晰的共产主义，以高度的热情投入到一场忘我的工业化事业之中。他们一味追求高速度、高指标，希冀在短时间内超英赶美，跑步进入共产主义。毛泽东已经从实践中察

---

　　① 阳雨：《"大跃进"运动纪实》，东方出版社2014年版，第253页。

　　② 苏扬：《中国出了个毛泽东》，解放军出版社1991年版，第202页。

觉到总路线、"大跃进"、人民公社这三面红旗中的某些问题，思想上有所降温，政策上有所退却。当时，毛泽东还没有从根本指导思想和战略层面认识"左"倾错误，但直到庐山会议前，毛泽东的思想一直是向纠"左"的方向发展的，尽管效果不很明显。

　　这一时期，毛泽东对暴露出来的问题不可能视而不见，自然会比较"大跃进"以后和"大跃进"以前的局面，不可能不对自己领导经济工作的方法有所认识，对自己的失误有所觉察，这自然要想到原来负责经济工作的陈云。陈云在负责经济工作时特别注重国民经济按比例发展，反对冒进。而当时，人们唯高指标、高计划，过分狂热，再加上个人崇拜的风气甚嚣尘上，而毛泽东声称自己是反"反冒进"的，于是经济上更加冒进，人们又进一步追求高指标，在农业战线上"放卫星"，甚至有人喊出了"人有多大胆，地有多大产"的口号，工业上钢的产量也是大放"卫星"。在这种情况下，陈云的"反冒进"自然受到批评。但当国家经济工作陷入困境，毛泽东又不得不深思，不能不想到陈云。毛泽东找李锐等谈话，强调世上没有先知先觉，没有什么前知五百年、后知五百年的刘伯温，无非是多谋善断，留有余地。《郭嘉传》值得一读。他说，郭嘉这个人足智多谋，初在袁绍麾下不得施展，就跑到曹操那里，可惜他中年夭折，曹操为此大哭。"大跃进"出点乱子，不要埋怨，否则就是"曹营之事不好办"，或者叫你"欲与共济天下大难"。

可见，毛泽东在这一时期反复提到郭嘉，与总结和解决1958年的"大跃进"和人民公社化运动中出现的问题有关。1959年上半年，毛泽东连续写了6封党内通信，强调要从过去几个月措施失当的深刻教训中，获取经验，反对瞎指挥风、浮夸风、共产风等"左"的错误倾向。他说：现在，我是借郭嘉的事来讲人民公社的党委书记以及县委书记、地委书记，要告诉他们，不要多端寡要，要能够当机立断；端可以多，但是要拿住要点。国际的事要关心，国内各行各业要调查研究，还有各种学问，多端的很。但是可要抓住要点，一个时候有一个时候的要点。这是个方法问题，这个方法不解决，每天都在混混沌沌之中，叫做什么没有功劳也有苦劳，什么辛辛苦苦的官僚主义。特别是对外斗争，得计迟是很危险的。

毛泽东喜欢郭嘉，在于其多谋善断，且谋断都很准确。作为一代领袖，毛泽东希望他领导下的各级干部向郭嘉学习，做事要多商量，但不要优柔寡断，要当机立断，不要武断。这样，党就可以把各项工作做得更好。

"多谋善断"的内涵

毛泽东对"多谋善断"的有关论述表明，多谋是善断的基础，只有多谋，才能善断。

所谓多谋，首先是谋之于群众，遇事多同群众商量。毛泽东在《关于领导方法的若干问题》一文中说："我们共产党人无论进行何项工作，有两个方法是必须采用的，一是一般和个别相结合，二是领导和群众相结合。"① 当前正在进行的每一项改革，都关系到社会主义建设能否顺利进行，关系到人民群众的根本利益。改革的种种方案是否正确，只能看是否有利于建设有中国特色的社会主义，是否有利于国家的兴旺发达，是否有利于人民的富裕幸福。事实表明，广大群众有强烈的改革愿望和要求，各条战线都有许多立志改革和勇于改革的先进人物，实践中有许多群众所创造的新经验和新章法。我们的任务，就在于深入到群众中去，抓好试点，和群众一起实践，一起调查研究，一起商量，把群众中各种分散的、不系统的好主意、好办法集中起来，化为集中的、系统的意见，然后再到群众中坚持下去。如此循环往复，我们的视野就会越来越开阔，经验就会越来

---

① 《毛泽东选集》第3卷，人民出版社1991年版，第897页。

越丰富，新章法就会越来越完善。

改革开放以来，我国农村家庭联产承包责任制的提出和不断完善的过程，就是这样一个辩证发展的过程。各条战线的改革，也必然要经历这样一个过程。如果不是这样，只是少数领导者关起门来冥思苦想，"这是一定不能想出什么好办法，打出什么好主意的"①。至于那种站在群众之上，单凭老经验去指手画脚，对适应新情况的种种改革、对群众中涌现出来的种种新事物，横挑鼻子竖挑眼，动辄指为"右倾""倒退"等现象，则更是一种十足的主观臆断，是更加错误的。

多谋，还包括要善于在领导集体中多谋。有的人不能坚持民主集中制，往往个人决定重大问题，这也是不能善断的。斯大林曾说："一百个没有经过集体审查和修改的个人决定中，大约有九十个是片面的。"②集中群众的意见，不是说把这些意见简单地加在一起就行了。群众中各种人由于所处的地位不同，水平不同，看问题的角度不同，甚至于局部的利害关系不同，对于同一项改革，看法往往是不一致的，这就需要根据马克思主义的理论和党的方针政策去加以分析，鉴别哪些是正确

---

① 《毛泽东选集》第 1 卷，人民出版社 1991 年版，第 110 页。
② 《斯大林选集》下卷，人民出版社 1979 年版，第 300 页。

的，哪些是错误的，哪些是基本正确但还不够完善，哪些是基本不正确但可能包括某些合理因素，等等。这就可以使我们从总体上、本质上把握问题，使改革工作尽可能做到正确和全面。在这里，领导者个人的理论和政策水平是很重要的。但是，个人的水平总是有限的，而领导集体的水平比起任何个人来说总是要高得多。

因此，所谓多谋，不但指要谋之于群众，而且要谋之于集体，依靠领导集体的力量去分析、研究群众中的各种意见，从各个方面、各个角度提出和探讨问题，互相启发、互相补充，这样作出的决断就会比较全面，比较符合于客观实际，较少犯片面性的错误，我们的改革工作就会稳妥得多，顺利得多。

多谋，不只是听取和自己相同的意见，还特别应该耐心地听取和自己不同的意见。有了对立面，就有了比较，才更易于发现矛盾、发现问题、启发思想，从而才更容易找到真理。如果只听相同的意见，不听不同的意见，就有陷于"偏听则暗"的危险。

那么，谋于谁？同谁谋呢？我们应该同上下左右谋。不掌握党的方针政策，不了解党的意图，就容易失去方向，判断也就难于正确。所以，重大的问题，要请示上级组织，谋之于党的政策、决定，谋之于党的文件。如果我们做事不同上级组织商量，不认真钻研党的文件，不仅是个组织观念的问题，而且一定免不了要在实际工作中犯错误。事情总是要牵涉到各个方面。因而，我们也需要同有关的部门、有关的个人谋，多听他们的意见。角度不同，个人定会有不同意见，这样有利于克服自己认识上的片面性。不仅如此，由于多同各方面谋，思想容易沟通，意见容易一致，还易取得各方面的帮助。另外，更重要的，要谋于基层干部，谋于基层群众。基层干部最接触实际，而群众是历史的创造者。党的方针政策的制定，要依靠他们；党的方针政策的贯彻执行，要依靠他们；党的方针政策的正确与否，也要通过他们的实践加以检验。认真地和他们谋，才能做到心中有数，做起事来也就有了把握。有的人很想使自己的工作做出成绩，但做起来却又感到把握不大，心中不踏实，究其原因，就是缺乏同上下左右谋，特别是同基层干部、基层群众谋。不真正了解下情的人，是决不可能做好领导工作的。

多谋才能善断。所谓善断，首先就是要断得正确。决断得正确，事才办得好；决断得不正确，当然一定要犯错误，这是自知之理。在贯彻执行党的方针政策和各项任务时，我们既要符合广大群众的当前利益和长远利益，又要适合当前群众的觉悟水平以及当前群众的迫切要求。我们作出的决断，如果是符合这样的原则的，就是正确的断。这样的断，才能把党的各项政策、任务和群众的迫切要求和实际情况结合起来，工作就更切合实际，政策任务就能贯彻得更正确、更深入、更细致。领导机关的基本任务，就是往下了解情况和掌握政策两件大事，第一件事情就是了解世界，后一件事就是改造世界。先有了情况的了解，即多谋，然后才会有正确的处理，即善断。这样，领导机关才能找出主要矛盾，抓住关键，带动所有环节，推动事物不断前进；才能拿得出主张，提得出措施、办法。不多谋，是决不可能善断的。

但是，多谋还不就等于善断。所谓善断，不但指要断得正确，而且要断得及时，不失时机。解决任何矛盾都有一个时机问题，我们应当提倡这样一种作风：看准了的就断，断了的就办，一抓到底，毫不放松。这样，改革工作才能不断有所进展，真正抓出成效来。现在有一种现象叫作"扯皮"，一个问题或方案提出来，左研究、右商量，张三批给李四，李四转给王五，谁也不肯作出决断，以致问题越积越多，严重挫伤了广大群众改革的积极性。为了有力地推进各方面改革的进行，这种谋而不断的"扯皮"作风首先就应当列入改革之列。既要破除不谋而断的主观主义，又要破除谋而不断的敷衍主义，大力提倡多谋善断、当机立断的优良作风。

何以会出现谋而不断的情况呢？原因可能是多方面的。一是干部当官做老爷，对工作不负责任，对改革没有紧迫感和责任感。二是甘当老好人，在破旧立新面前不表示赞成什么、反对什么，既可以不得罪人，又可以不冒任何风险。三是缺乏知识，对于所研究的问题不内行，作决断没有根底，表态抓不住要领，只好当家不作主，让人家没完没了地去议论，如此等等。所以，在多谋的基础上，要真正做到善断，不但要有较高的理论和政策水平，而且必须具有对人民极端热情、对工作极端负责的精神，具有求实的思想方法与工作方法、旗帜鲜明的科学态度和必要的科学知识。没有这些条件，即使能够多谋，也难以善断。

"多谋善断"的基本点

作为一个领导者，必须要做到"多谋善断"。领导谋断里的"谋"是对目标及其行动方案的寻找提出、分析论证过程；而"断"是指决断，它是对目标及其行动方案的选择判断过程。因此，领导开展工作就包括领导运筹和决断艺术。由于领导艺术的本质是领导者对于领导活动的辩证的创造性运用，所以，我们运用谋断艺术，必须把握以下一些基本点。

　　审时度势，调研预见。审时度势是领导谋断的前提和基础。谋断必须建立在认识实际情况的基础之上，而审时度势正是领导者对于领导活动的实际情况的认识过程。审时度势，是古今中外领导者制定和运用一切谋略的前提和基础，也是一切领导谋断的前提和基础。审时度势的基本途径包括：一是正确调研，即对领导活动的历史和当下情况有全面、深入、客观的了解和认识。对一件事情，要作出正确的判断，首先必须把情况弄明白。虽然感性的东西，是事情的表面现象，但它总是本质所反映出来的。离开了感性材料，任何人也不能作出正确的判断。二是科学预见，即对领导活动的未来发展趋势、进程、状态及其结果事先作出正确的估计和判断。这要求领导者具备两个基本条件：一是有正确的思想方法；二是善于搜集、分析、综合、利用有关信息。

　　提出目标，科学运筹。从领导学的角度看，领导运筹在时序上可分为对目标和方案的提出与论证两个阶段，内容上可分为战略运筹与战术运筹。战略运筹是就目标方向、大政方针的运筹，它要为战术运筹提出指导思想和大致轮廓，特别需要战略头脑和思维艺术，主要由领导者承担；战术运筹是对方案的具体内容、途径、措施的运筹，它要为战略运筹填充内容、描绘细节并分析论证，特别需要科学精神和计算技术管理者有效沟通、高效执行的艺术。

两种分析，两类准备。领导活动的发展和成败往往是多种因素综合作用的结果。因此，高超的谋断必须对领导活动中的各种因素做两类因素分析，对策上做好两种准备。我们从领导活动的各种因素中，既要看到那些相对带有必然性、确定性、主要的、可控的特别是现实性因素，作为立足点和根据，从中提出一种积极对策，供决断和实施；同时，又要看到那些相对带有偶然性、随机性、次要的、不可控的但有可能性的因素，作为力求加以利用或应该防备的方面，从中提出多种应急应变对策，以作为决断和实施的辅助方案。这样，既可力争最好结果，又可起码保证立于不败之地。

辩证思维，把握关节。领导谋断实际上是领导者的一种思维活动。唯物辩证法告诉我们，领导活动的运动、发展、变化是辩证的。正确有效的领导手段应该是辩证的，领导谋断的思维也是辩证的。如在解放战争的战略决战阶段，1948 年 11 月 2 日，辽沈战役胜利结束，11 月 6 日，中央又发起淮海战役。为滞留并争取就地歼灭平津傅作义集团，以毛泽东为首的中央军委先后采取四个步骤：让华北一部对张家口、新保安围而不打；调东北主力提早秘密入关，插入平津塘之间，隔而不围；令解放军撤围绥远、缓攻太原；淮海战役不对杜聿明集团做最后歼灭之部署。应该说，毛泽东等人的思维体现了领导谋断思维的辩证规律：局部问题要想到全局，以全局高度把握局部；策略问题要想到战略，以战略高度把握策略；局内问题要想到局外，从内外两面寻求方略；现实问题要想到未来，以未来高度把握现实。把握这种规律，要求领导者把握思维的两个关节点：一是胸怀全局，有战略眼光，比对手站得更高些、看得更远些，解决思维的立脚点；二是善于从不同方位看问题，解决思维的着眼点。

领导干部是社会主义的建设者，是科学的马克思主义者，正承担着前所未有的伟大事业。党员干部只要对党忠诚，认真地掌握多谋善断的思想方法，努力克服主观主义和官僚主义的工作方法，把党的群众路线更加发扬，刻苦学习马列主义和中国特色社会主义理论体系，就一定能够不断作出更大成绩。

四、认真地听取不同的意见

所谓"不同意见",是指与领导干部的决策有差异或不同的观点和见解。辩证唯物主义认为,矛盾的普遍存在是客观的,不同意见是思想认识中的矛盾的表现,它的存在具有客观必然性。不同意见不是不正确意见,也不全然是反对意见,它反映了人民群众中相异的看法。对于领导干部来说,是否善于听取不同意见,是关系到党性立场、群众观点和民主作风的大问题,务必引起高度重视。

中国共产党在新民主主义革命时期,曾经经历了一次右倾错误和三次"左"倾错误,给革命事业带来极大损失。造成这些挫折的原因之一,就在于当时中国共产党的主要领导人不能听取其他党员的建议,甚至打击报复提出不同看法和见解的党员,因此作出了错误的决策。毛泽东亲身经历了这些挫折,在八七会议上,他曾建言:"以后上级机关应尽心听下级的报告,然后才能由不革命的转入革命的。"①

从中国共产党的历史教训中，毛泽东总结得出这样一条经验，即党的领导干部只有虚心听取广大党员的不同意见，才能作出正确决策，实行正确领导。1944 年12 月，随着抗日战争即将胜利以及革命根据地的巩固和发展，中国共产党的力量空前壮大。然而，作为党的领导核心的毛泽东却敏锐地看到当时延安革命根据地出现的一个问题，那就是有些工作人员开始滋生骄傲自满的情绪，习惯于独断专行，而不善于接受人们的批评讨论。毛泽东直言不讳地批评了这些工作人员只爱听恭维话、不爱听批评话的毛病。他认为，这种工作作风不仅直接阻碍着党的事业的进步，而且也影响着工作人员的进步。因为原本打算提出不同想法的人为了避免碰钉子，甚至遭受打击报复，就不敢大胆提意见了。为此，他提议："各地对此点进行教育，在党内，在党外，都大大地提倡民主作风。不论什么人，只要不是敌对分子，不是恶意攻击，允许大家讲话，讲错了也不要紧。各级领导人员，有责任听别人的话。实行两条原则：（一）知无不言，言无不尽；（二）言者无罪，闻者

---

① 《毛泽东文集》第 1 卷，人民出版社 1993 年版，第 47 页。

足戒。"①

把认真地听取不同意见提升到推进党的事业的高度,这是革命战争年代毛泽东领导政治、军事等所有工作的一项特色。据当时在毛泽东身边工作的同志回忆,在解放全中国的大决战期间,每天晚上 8 点,刘少奇、朱德、周恩来、任弼时 4 位书记都准时到毛泽东办公室参加集体商讨会,会上各抒己见、群策群力。集体领导保证了中央每一个决策的正确性。毛泽东不仅注重听取同级同志的不同意见,还同样重视下级部属的不同意见。1947 年 10 月,中央作出了打倒蒋介石、解放全中国的战略部署。中央军委决定,在中原地区打中小规模的仗,并电令时任华东野战军副司令员的粟裕率 3 个纵队于 1948 年夏季或秋季渡江南进。粟裕认为,集中兵力在中原黄淮地区打大歼灭战更有利于迅速改变中原战局,进一步发展战略进攻;相反,如果部队南进远离后方,则会出现战役配合以及后勤补给困难的问题。经过深思熟虑后,粟裕连续三次把自己的意见上报中央军委。粟裕的建议虽然完全不同于毛泽东等上级指挥机关的原定思路和计划,但毛泽东看到他的电报后不仅不以为怪,反而高度重视。他立即电召粟裕到中央当面汇报

---

① 《毛泽东文集》第 3 卷,人民出版社 1996 年版,第 242 页。

详情。1948 年 4 月 30 日，粟裕在中央书记处扩大会议上汇报了自己的思考。经过大家充分的商讨，最后毛泽东收回成命，采纳粟裕的建议。以后的事实证明，这一决策对推动整个南方战线有重要的战略意义。当时，作为一线指战员的粟裕，敢于直抒己见，向毛泽东和中央军委已经决定的重大决策提出不同看法，难能可贵；而作为最高统帅的毛泽东能重视下级部属的意见，甚至不惜收回成命，重新调整部署，这与同一时期国民党蒋介石在军事指挥上的独断专行形成了鲜明的对照。可以说，大军决战之前，胜负已初现分晓。

1949 年，中国革命迎来了胜利的曙光。在党的七届二中全会上，毛泽东高瞻远瞩告诫全党："我们都是从五湖四海汇集拢来的，我们不仅要善于团结和自己意见相同的同志，而且要善于团结和自己意见不同的同志一道工作。"[①] 此时毛泽东已经预料到，中国共产党成为执政党之后，将面临着更加复杂的局面。全国范围的土地改革、统一战线、城市工作、经济建设等等，都是中国共产党各级领导干部即将面对的新挑战，只有充分发扬民主团结精神，让广大党员和人民群众畅所欲言，调动最广大人民的积极性和创造性，群策群力，中国共产

①　《毛泽东选集》第 4 卷，人民出版社 1991 年版，第 1443 页。

党才能在此基础上制定正确的路线、方针、政策，开启前无古人的社会主义革命和建设事业。

1962年1月30日，在七千人大会上，毛泽东直接批评那些怕群众开展讨论，提出不同意见的领导干部。他明确表示，只要是大事，就得集体讨论，认真地听取不同的意见，认真地对于复杂的情况和不同的意见加以分析。为了进一步说明自己的观点，毛泽东把中国历史人物刘邦和项羽作比较。他告诉大家，刘邦是在封建时代被历史学家称为"豁达大度，从谏如流"的英雄人物，而号称西楚霸王的项羽，就不爱听别人的不同意见。刘邦同项羽打了好几年仗，结果刘邦胜了，项羽败了。毛泽东认为，刘邦、项羽两人之间的胜负是必然而不是偶然的。他进而告诫与会者："我们现在有些第一书记，连封建时代的刘邦都不如，倒有点像项羽。这些同志如果不改，最后要垮台的。不是有一出戏叫《霸王别姬》吗？这些同志如果总是不改，难免有一天要'别姬'就是了。"①当年毛泽东的这个生动比喻让与会者发出轻松欢快的笑声。但是，就在这样的笑声中大家领悟到毛泽东卓越的领导艺术和工作方法。

---

① 《毛泽东文集》第8卷，人民出版社1999年版，第295—296页。

广开言路，正确对待不同意见，这是古往今来政治家安邦治国的一个大问题。古人有言："大智兴邦，不过集众思；大愚误国，只为好自用"，"汤武以谔谔而昌，桀纣以唯唯而亡"。这些名言警句都是由无数历史事实铸成的。毛泽东正是从中国丰富的历史文化中汲取治国理政的智慧，充实和丰富自己的领导思想和领导艺术，带领中国共产党和中国人民探索中国的社会主义建设道路。

毋庸讳言，1959 年庐山会议和此后对彭德怀等人的批判，使毛泽东给人留下容不得不同意见的印象。然而，事实并不是那么简单。在《毛泽东年谱》中记载着这样一件小事。1959 年 7 月 26 日，毛泽东向庐山会议的参会者批转了一封信。写信者叫李云仲，当时是国家计委的一名厅级干部。毛泽东在批示中说，这封信的作者在我们的经济工作中收集了一些材料，这些材料专门属于缺点方面的，作者只是对这方面的材料感兴趣，而对于另一方面的材料，即成绩方面的材料，可以说根本不感兴趣。但是，毛泽东却对作者的直言精神表示赞赏。他批示道："他不隐蔽自己的政治观点，他满腔热情地写信给中央同志，希望中央采取步骤克服现在的困难。他认为困难是可以克服的，不过时间要长一些，这种看法是正确的。信的作者对计划工作的缺点的批判，占了信的大部分篇幅，我认为很中肯。"①"十年以来，还没有一个愿意和敢于向中央中肯地有分析地系统地揭露我们计划工作中的缺点、因而求得改正的同志。我就没有看见这样一个人。我知道，这种人是有的，他们就是不敢越衙上告。"从毛泽东对待这封信的态度中我们可以看出，尽管当时毛泽东受"左"的思想影响，并不同意甚至完全反对写信者的意见，但是他仍然对持异见者秉笔直书的行为表示首肯和赞赏。可见，即便在这种时候，毛泽东依然并非容不得一点不同意见，而是欢迎别人提出不同看法和见解的，他对彭德怀等人的批判，更多出于对他们搞党内小团体的误解。

怎样对待不同意见，在我国社会主义建设历史上，既有成功经验，又有失败教训。从 1957 年反右斗争开始，直到党的十一届三中全会以前，在长达 20 年左右的时间里，党内盛行的"左"的思想造成了一种极不正常的政治风气，不容许党员和群众提出不同意见，不允许批评工作中的缺点错误，把一些本来属于正常的不同意见上升为政治原则问题，造成了党内外的紧张关系，导致人们不敢讲话，尤其不敢讲真话的严重后果，致使

---

① 《毛泽东年谱（一九四九——一九七六）》第 4 卷，中央文献出版社 2013 年版，第 118 页。

"左"的错误愈演愈烈，给党和国家造成了严重的灾难。党的十一届三中全会以后，中国共产党重新确立了实事求是的思想路线，明确规定党的各级领导干部要善于听取不同意见，实现决策的民主化。所谓"决策民主化"，一个重要内容就是确保决策能够广泛吸取各方面意见，集中各方面智慧，在此基础上，按科学的决策程序作出决策。

决策民主化要求无疑是将领导干部一定要认真听取不同意见做了制度化的规范。从一定意义上说，领导行为本身就是决策，领导干部的主要职责就是作决策。在领导决策工作中，难点就是弄清情况，如果实际情况搞清楚了，正确决策自然是水到渠成。这也就是毛泽东本人最强调的实事求是，从实际出发。需要指出的是，真正能够从实际出发并非易事，因为事物是复杂的，而每个人看问题又总是有局限的。这对矛盾无处不在、无时不在，干扰我们对实际情况的认知。如果领导干部不能够下功夫对事物作全面的、整体的了解，弄清事物的本质，而是自以为是或偏听偏信，就不可避免地会犯错误。那么，怎样才能看清事物的全面情况呢？可以说，最好的途径莫过于认真听取不同意见。俗语"三个臭皮匠，顶个诸葛亮"，"兼听则明，偏信则暗"都在说明集体的智慧。其实，不同意见并不等于都是"唱反调"的，在那些不同意见中，至少包括这样三种情况：一是从新的视角指出了领导干部决策中尚未发现的错误和问题；二是对个别的局部的决策意见提出了进一步补充修改、完善提升的方案；三是提出的意见可能是片面的甚至是错误的，但是可以让领导干部警醒决策可能隐藏的负面效应。上述三种不同意见，都有可贵之处，都有其可资借鉴的价值。

当前，实现中华民族伟大复兴的中国梦是中国亿万人民的共同目标。为了实现这个目标，没有全体人民同心同德、群策群力的艰苦奋斗，是不可能成功的。这要求我们的领导干部凝聚人民群众的智慧和力量，在不同意见基础之上集思广益，形成统一意志，凝聚有生力量。假若没有不同意见的相互冲撞，就不可能达到相互理解，也就不可能有认识上和行动上的真正统一。此外，领导干部也不能不看到，在当前经济社会急剧发展变化时期，社会各个阶层之间利益格局和利益关系的调整不仅客观存在，而且日趋复杂，由此引发许多新的思想认识问题。由于人们在社会中所处的地位、所获得的利益不同，再加上认识能力和水平的差异，难免产生不同的看法和主张，形成不同的意见。可以说，人民群众中的不同意见都是代表了各自不同的一部分人的利益，领导干部在决策过程中都要加以重视。此外，领导干部在决策过程中还要学会换位思考、多角度观察问题，妥善处理各种利益关系，最大限度地保护并调动各方面的积极性。如果顾此失彼，必然引起一部分群众的不满，甚至导致严重的社会问题。总之，在当前情况下，认真地听取不同意见，是领导干部的一项重要职责，也是提高领导干部决策科学化水平的重要保证。只有认真地听取不同意见，各级领导干部才能保证科学决策，同时团结最广大的人民群众共同实现中华民族的伟大复兴。

解决了听取不同意见的思想认识问题，还需要进一步解决如何听取不同意见的方法问题。在现实工作环境中，由于领导者位高权重，客观和主观两个方面的限制都会阻挡各种不同意见顺利进入决策过程，最终造成领导者"独断专行"的后果。因此，领导者必须发挥自己的主观能动性，在领导工作中营造充分的民主气氛，让大家畅所欲言，真正做到"知无不言、言无不尽"，让各种不同意见畅通无阻，成为领导决策的丰富养料，最大可能地减少决策失误。具体来说，至少要注意以下几点。

首先，要做到谦虚谨慎。能够成为党和政府的领导干部，应该承认，领导者必然具有过人之处，否则就没有机会被层层选拔到领导岗位上来。但是，正是自己的这些过人之处，使一些领导干部往往一叶障目，对自己的能力和知识过于自信，认为自己官大、学问大、能力强，总以为自己比周围同志尤其是普通干部群众高明，忘记"尺有所短、寸有所长"的古训，尤其忘记自己即便有所长也是在一定领域之内，而不会是各个方面的高手。因为自视过高，骄傲自满，很容易造成部分领导者目中无人，轻视别人的不同意见。俗话说"满招损、谦受益"。领导干部只有虚怀若谷，才能获得多方面的不同意见帮助改进自己的工作。老一辈革命家陈云在他的《怎样使我们的认识更正确些》中就强调："相同的意见谁也敢讲，容易听得到；不同的意见，常常由于领导人不虚心，人家不敢讲，不容易听到。"①

其次，要做到平易近人。毛泽东认为，政党内部的关系，应该是一种民主平等关系。他指出："我们党内要有民主，就是对同志要有同志的、朋友的、兄弟的、姐妹的态度。"② 他1959年7月在庐山上对王任重等同志说，他从青年时代起，就喜欢明代杨继盛的两句诗："遇事虚怀观一是，与人和气察群言"。在毛泽东看来，任何领导干部对待党内其他同志都应当是平等的态度。党内民主的实质就是保证全体党员享有党法党规规定的

① 《陈云文选》第3卷，人民出版社1995年版，第188页。
② 《毛泽东文集》第4卷，人民出版社1996年版，第49页。

民主权利，在遵守党的纪律的前提下让党内同志充分表达不同意见。如果一个领导者架子很大，面孔死板，态度冷漠，摆出一副高高在上、"拒人于千里之外"的样子，就没有人愿意接近他，即使工作需要和他讲话，也会就事论事赶紧交代完毕就远远离开，敬而远之，不愿和他推心置腹谈问题、提建议。另外，即便是对有错误的同志，也要和颜悦色地进行说服，善意、诚恳地提出批评建议，不要气势汹汹地指责，导致与群众关系的疏离。

第三，要注重调查研究，多开研讨会。开研讨会是收集不同意见的最佳途径，但要注意开会的方式。有些领导干部把研讨会开成决定公告会，召集部属来开会就是来听他的决定，这就完全失去了听取不同意见的机会。开研讨会的目的不外乎广开言路，互相启发，取长补短。正确的开研讨会方式是，一定要给每个人充足的发言时间，要规规矩矩地一个一个发表意见，无论对方提出什么异议，都要耐心听完，不能中途打断。毛泽东常说，调查研究不能先入为主，不能当钦差大臣，而应采取讨论式的、同志式的商量态度。调查研究不要怕听不同意见，原来的判断和决定，经过实践检验，是不对的，也不要怕被推翻。他主张，必须创造一个宽松、自由的环境，允许大家在会上发表不同意见。他说："请大家评论，提意见，根据大家意见再作修改……这样，就更能充分发扬民主，集中各方面的智慧，对各种不同的看法有所比较，会也开得活泼一些。"①领导者一定要懂得，在研讨会上，众说纷纭甚至争论不休是好事，鸦雀无声才是情况不妙。

第四，要有决断能力和执行力。领导者是最终的决策者，认真听取不同意见，归根到底是为了正确地作出决策，而不是被众多的意见牵着鼻子走。因此，在听取不同意见的同时，领导干部要善于作分析和取舍，并干脆利落作出决断，而不能犹豫不决，首鼠两端，做和事佬。听取不同意见之后，要认真加以分析研究，区别对待。正确的意见不仅要接受，而且要马上付诸行动。如果只是走走形式，听之任之，束之高阁，不加理睬，不见动静，那么听了也等于不听，久而久之，自然会影响群众提意见、发表不同看法的积极性。至于不正确或片面的意见，领导干部也要根据不同对象、不同情况给予必要的解释，切不可简单粗暴地一口否认，影响意见反映者的情绪，打击众人继续提出不同意见的积极性。

第五，要有意识地营造民主决策气氛。所谓民主决

---

① 《毛泽东年谱（一九四九——一九七六）》第5卷，中央文献出版社2013年版，第69页。

策，一个重要方面就是要让决策过程公开化。领导干部要想提高决策的科学性，就要博采众长，鼓励广大干部群众为决策献计献策，提出各自的不同见解，以供自己分析选择。这种公开化无疑会提高全体人员对工作的积极性和创造性，具体地表现为普通干部和党员普遍具有创造能力、负责精神，同时工作气氛活跃，敢于和善于提出问题、发表意见、批评缺点。相反，如果党内工作中缺乏民主，就不可能调动起党员的积极性、主动性，大家变得谨小慎微，遇到任何小问题、小事情，都向领导请示报告，"不求有功，但求无过"，谨言慎行，死气沉沉。如此一来，领导者希望听取不同意见只能是缘木求鱼。

五、"只唱一出《香山记》"

在毛泽东看来，众多矛盾之中，必有一个是主要的；繁杂工作之中，必有一个是中心。因此，开展工作首先要抓主要矛盾，抓中心或关键，以带动其他。在阐释这一方法时，他多次引用过两句戏文。1958 年 6 月 21 日，在中央军委扩大会议上，他说，打了抗美援朝战争以后，我就把军队工作推给彭德怀同志了。我做工作就是单打一，搞那么一件事就钻进去了。我也提倡这个方法。有本书叫《香山记》①，讲观音菩萨怎么出身，别的我都忘记了，头两句叫作"不唱天来不唱地，只唱

① 明朝有一个以佛教故事改编成的剧本，叫作《观世音修行香山记》，后人简称《香山记》，说的是，一个女子妙善不想嫁人，因而受到其父妙庄王想方设法的刁难和折磨，后缘于佛祖庇佑，不但安然无事，而且在香山修成正果，并且不与父亲计较，暗中治好了他的病，最终妙庄王幡然悔悟。佛祖有感于妙善之义举，遂封她为观世音菩萨。

一出《香山记》"。我就采用这两句作为方法，这几年是不唱天来不唱地，就是只唱一本别的戏，军事，我就没有唱了。这个方法是不坏的。你唱《打渔杀家》不能唱《西厢记》，你不能两个戏同时在台上唱。

1963 年 5 月 8 日，毛泽东在杭州的中央工作会议上谈到应该抓主要工作时又说：就是不唱天来不唱地，只唱一出《香山记》。这是描写妙庄王女儿的一本书，头两句就是这样。事物是可以割断的。天也不唱，地也不唱，只唱妙庄王的女儿如何如何。比如看戏，看《黄鹤楼》，天也忘了，地也忘了，其他的戏如《白门楼》也忘了，只看我的同乡黄盖。你们中央局就开这样的会，不唱天，不唱地，只唱《香山记》。

1964 年 3 月 28 日，山西省委第一书记陶鲁笳向他汇报，"只唱一出《香山记》"的办法传达后，效果很好。毛泽东说，我四五十年前看过这本书，开头两句是"不唱天来不唱地，只唱一出《香山记》"。唱这个戏，别的戏就不唱了。就像你们河北唱《劈山救母》一样，不能什么都唱。这个方法要普遍运用。[①]

其实，这个方法，说到底就是工作应突出重点，抓

---

① 本段与上段转引自陈晋：《"只唱一出〈香山记〉"》，《党的文献》2008 年第 4 期。

住根本，在做一件事的时候要集中精力。毛泽东的一生一直是这样说，也是这样做的。大革命失败以后，他很快就认识到，中国革命的中心内容是土地革命，因而，坚定地在农村进行"武装割据"。"我们在井冈山用什么来激发农民的巨大斗争热情？毫无疑问，这就是分配土地，你没有听见农民喊出了'共产党万岁'的口号吗？"①在长期的革命斗争中，他一个时期集中于指挥打仗，一个时期集中于理论创造，一个时期又集中于整顿党的作风。同时，他还反复向全党强调这种集中精力干大事、要事的方法。

1943 年 6 月 1 日，在为中共中央起草的《关于领导方法的若干问题》的决定中，他明确指出："在任何一个地区内，不能同时有许多中心工作，在一定时间内只能有一个中心工作，辅以别的第二位、第三位的工作。因此，一个地区的总负责人，必须考虑到该处的斗争历史和斗争环境，将各项工作摆在适当的地位；而不是自己全无计划，只按上级指示来一件做一件，形成很多的'中心工作'和凌乱无秩序的状态。上级机关也不要不分轻重缓急地没有中心地同时指定下级机关做很多

---

① 晓农：《井冈山土地革命中的毛泽东》，《党史文汇》2005 年第 12 期。

项工作，以致引起下级在工作步骤上的凌乱，而得不到确定的结果。领导人员依照每一具体地区的历史条件和环境条件，统筹全局，正确地决定每一时期的工作重心和工作秩序，并把这种决定坚持地贯彻下去，务必得到一定的结果，这是一种领导艺术。"①

在一个时期只有一个"中心工作"。那么，"中心工作"或"最重要最有决定意义的问题"是什么，领导者深思熟虑以后要明确，特别是要告诉下属和自己的团队。1937年9月21日，毛泽东发给彭德怀的电报指出："今日红军在决战问题上不起任何决定作用，而有一种自己的拿手好戏，在这种拿手戏中一定能起决定作用，这就是真正独立自主的山地游击战（不是运动战）。要实行这样的方针，就要战略上有有力部队处于敌之翼侧，就要以创造根据地发动群众为主，就要分散兵力，而不是以集中打仗为主。集中打仗则不能做群众工作，做群众工作则不能集中打仗，二者不能并举。然而，只有分散做群众工作，才是决定地制胜敌人、援助友军的唯一无二的办法，集中打仗在目前是毫无结果可言的。……一个旅的暂时集中，当然是可以的，但如许久

---

① 《毛泽东选集》第3卷，人民出版社1991年版，第901页。

还无机可乘时，仍以适时把中心转向群众工作为宜。"①仗是要打的，但现在是做群众工作，在当时的情势下，强调这一"中心"，不但需要智慧，而且需要勇气。领导者给下属明白地、具体地指出一个时期的"中心工作"，就会使之有所遵循。当然，领导者能够"适时"地判定什么是"中心"，则需要独具慧眼。

新中国成立初期，革命的任务未了，建设的任务又摆在了面前，百废待兴，千头万绪，诸如肃清国民党残余、解放台湾和西藏、恢复经济、土地改革、整顿工商业、打破外国封锁等。首先应该抓什么呢？当时，有的人认为民族资产阶级是革命的对象，应当尽快地加以消灭。而在毛泽东看来，财政经济困难能否解决，才是关系到新生政权能不能站稳脚跟的关键问题。因此，党的"中心工作"是"为争取国家财政经济状况的基本好转而斗争"。他告诫说："四面出击，全国紧张，很不好。我们绝不可树敌太多，必须在一个方面有所让步，有所缓和，集中力量向另一方面进攻。我们一定要做好工作，使工人、农民、小手工业者都拥护我们，使民族资产阶级和知识分子中的绝大多数人不反对我们。这样一来，国民党残余、特务、土匪就孤立了，地主阶级就孤

---

① 《毛泽东文集》第2卷，人民出版社1993年版，第19—20页。

立了，台湾、西藏的反动派就孤立了，帝国主义在我国人民中间就孤立了。"① 也就是说，抓住了主要矛盾，其他矛盾都可迎刃而解。但是，不能抓错，抓错了就一定栽跟头。

此后，他还创出了不少"只唱一出《香山记》"的工作实例。从 1950 年秋到 1951 年，他的工作重心是抗美援朝战争。不久，他到杭州集中精力搞新中国第一部宪法的起草工作。因为随着国民经济的恢复和大规模经济建设的到来，进一步加强政治建设的任务，便提到日程上来。党的一个重要的任务就是制定宪法，以代替新中国成立前夕制定的《共同纲领》。1953 年 12 月 24 日，毛泽东带着宪法起草小组的几个成员陈伯达、胡乔木、田家英乘专列离开北京，于 28 日晨零时来到风景如画的杭州，开始做一项为新中国法制建设奠定千秋基业的大事——起草中华人民共和国宪法。关于这部宪法的起草经过，毛泽东在 1954 年 6 月作过这样的回顾："宪法的起草，前后差不多七个月。最初第一个稿子是在去年十一、十二月间，那是陈伯达同志一个人写的。第二次稿，是在西湖两个月，那是一个小组。第三次稿是在北京，就是中共中央提出的宪法草案初稿，到

---

① 《毛泽东文集》第 6 卷，人民出版社 1999 年版，第 75—76 页。

现在又修改了许多。每一次稿本身都有多次修改。在西湖那一次稿，就有七八次稿子。前后总算起来，恐怕有一二十个稿子了。大家尽了很多力量。全国有八千多人讨论，提出了五千几百条意见，采纳了百把十条。最后到今天还依靠在座各位讨论修改。总之是反复研究，不厌其详。将来公布以后，还要征求全国人民的意见。宪法是采取征求广大人民的意见这样一个办法起草的。这个宪法草案大体上是适合我们的国家的情况的。"① 为了起草宪法，毛泽东广泛阅读和研究了世界各类宪法。有中国的，有外国的；有社会主义国家的，有资本主义国家的；有进步的，有反动的。他认为制定本国宪法，参照别国宪法和历史上有过的宪法，是完全必要的。人家好的东西，结合中国国情，加以吸收；不好的甚至反动的东西，也可以引为鉴戒。他同样要求参加讨论宪法稿的中央政治局成员也这样做。

　　1955 年秋冬，他做的主要工作是推动农业合作化运动，主持编辑了《中国农村的社会主义高潮》一书，写了一百多条按语。1956 年春，他用 43 天的时间连续听取了 35 个国家部委的工作汇报，在此基础上撰写

———————

　　① 《毛泽东年谱（一九四九——一九七六）》第 2 卷，中央文献出版社 2013 年版，第 247—248 页。

了《论十大关系》。1957年春，他重点关注的是在社会主义条件下如何正确处理人民内部矛盾。1958年冬到1959年上半年，他集中思考和解决已发现的"大跃进"运动中"左"的错误问题。

正是这个时候，毛泽东对抓"中心工作"的方法又从另一个方面作了阐述。1959年，他与新华社社长吴冷西谈话时讲道："有些人是书生，最大的缺点是多谋寡断。""要反对多端寡要，没有要点，言不及义。要一下子看到问题所在。"① 所谓"多端寡要"，就是眉毛胡子一把抓，分不清轻重缓急，力求面面俱到，什么事情都想做，结果无一而做好。毛泽东这段富有哲理性的话，确实给了人们以新鲜而深刻的启发。

工作要做好，就要分清主次，重点突出。1959年3月26日，在上海召开的中央政治局扩大会议上，薄一波被安排作《关于第一季度工业计划执行情况和第二季度的安排》的报告。毛泽东对1959年第一季度工业计划执行情况很不满意。薄一波回忆说："在谈到炼钢设备未能按计划完成时，毛主席当即借题发挥，对计划、经济、基本建设以及工交各部的工作，痛痛地批评了一

---

① 《毛泽东新闻工作文选》，新华出版社1983年版，第215—216页。

番。他说：搞了十年工业，积累了十年经验，还不晓得一套一套要抓。安排了九十八套（指大中型轧钢机），二月底还报可完成三十一套，结果只搞了十六套，还有一部分配不齐全，这是什么人办工业，是大少爷。现在工业要出'秦始皇'，我看你们搞工业的人不狠，老是讲仁义道德，搞那么多仁义道德，结果一事无成。""毛主席说：何必那么忙，急得要死，一定要搞一千多项，又搞不成。搞成我赞成，问题是你搞不成。从前讲轻重缓急，现在讲重重急急要排队，算得一点经验了，重中有重，急中有急。"① 这反映了毛泽东历来主张的做工作要会抓重点的思想。

1959 年 4 月 5 日，即八届七中全会的最后一天，毛泽东一开始就强调，"别的事我不讲，只讲工作方法，现在的中心问题是工作方法，要会做工作"。然后，他一口气讲了十几条。其中说道：搞经济计划，要有重点，有重点就有政策。没有重点，平均分配，就无所谓政策。这是很好的经验，跟我们历来搞政治、搞军事相适合。总要有重点，一个时期总要搞个重点嘛。打张辉瓒就打张辉瓒，别的敌人放弃，搞点小游击队去

---

① 薄一波：《若干重大决策与事件的回顾》（修订本）下卷，人民出版社 1997 年版，第 857 页。

牵制。①他在这里还是强调要抓重点。

　　1961年3月，毛泽东在广州中央工作会议上再次说："今后不要搞那么多文件，要适当压缩。不要想在一个文件里什么问题都讲。为了全面，什么问题都讲，结果就是不解决问题。"②这就是说，政策制定如果没有明确的指向，如果求全求多，没有"重点"，就得不到有效执行。

　　集中时间和精力抓关键的紧要的事，即使对待日常工作，毛泽东也主张这样做，比如批阅文件。1973年，他对一位省委书记说，要多读书，对方则回答文件太多，没有时间。毛泽东饶有趣味地讲道，文件要分主次，看主要的，无关重要的、与你毫无关系的你就跟着别人画圈好了。其实很多文件，本来是来自下面的第一手材料，很值得一看。可是到了上面已经经过几道关口的修饰了，面目全非，也就没有太大意思了。有的文件，头几页你就别看，没意思，就看中间是什么内容就行了。要是让你批，让你拿主意的文件，就要认真对

---

　　①　转引自陈晋：《从毛泽东的一些往事解读几种领导方法》，《中华魂》2010年第8期。

　　②　《毛泽东年谱（一九四九──一九七六）》第4卷，中央文献出版社2013年版，第549页。

待了。①

　　有些人干工作不可谓不卖力，甚至三更灯火五更鸡，但是干不到点子上，就往往事倍功半，穷于应付，如果学一学毛泽东，或许能够做到一通百通，以四两拨得千斤。

———————

　　① 转引自陈晋：《从毛泽东的一些往事解读几种领导方法》，《中华魂》2010 年第 8 期。

六、"学会弹钢琴"

　　抓住主要矛盾和中心工作，并不是说其他矛盾和工作就可以不管了。毛泽东说："看事物应该是两点论；同时，一点里面又有两点。""香花与毒草齐放，落霞与孤鹜齐飞。"① 就是说不能只看到"香花"，也不能只看到"毒草"，要眼观六路，耳听八方。面对各种复杂的工作，毛泽东提倡党委的同志要学会统筹兼顾。对此他形象地称之为"弹钢琴"。1949年3月，他写道："弹钢琴要十个指头都动作，不能有的动，有的不动。但是，十个指头同时都按下去，那也不成调子。要产生好的音乐，十个指头的动作要有节奏，要互相配合。党委要抓紧中心工作，又要围绕中心工作而同时开展其他方面的工作。我们现在管的方面很多，各地、各军、各

---

　　① 逄先知、金冲及主编：《毛泽东传（1949—1976）》（上），中央文献出版社2003年版，第619页。

部门的工作，都要照顾到，不能只注意一部分问题而把别的丢掉。凡是有问题的地方都要点一下，这个方法我们一定要学会。钢琴有人弹得好，有人弹得不好，这两种人弹出来的调子差别很大。党委的同志必须学好'弹钢琴'。"① 主要矛盾和非主要矛盾、矛盾的主要方面和非主要方面是相互联系、相互区别和相互转化的。因此，领导者在工作方法上不能顾此失彼，应该统筹兼顾。

对此，毛泽东可谓是得心应手地进行了运用，可谓是"弹钢琴"的高手。在民主革命时期，毛泽东往往一方面强调中心工作是军事和打仗，另一方面又号召做好其他一切革命工作。1933年，在中央苏区的一次经济建设工作会上，他说："在现在的阶段上，经济建设必须是环绕着革命战争这个中心任务的。革命战争是当前的中心任务，经济建设事业是为着它的，是环绕着它的，是服从于它的。那种以为经济建设已经是当前一切任务的中心，而忽视革命战争，离开革命战争去进行经济建设，同样是错误的观点。只有在国内战争完结之后，才说得上也才应该说以经济建设为一切

---

① 《毛泽东选集》第4卷，人民出版社1991年版，第1442页。

任务的中心。"①但是，不能因此而不抓好经济工作，相反，"革命战争的激烈发展，要求我们动员群众，立即开展经济战线上的运动，进行各项必要和可能的经济建设事业"②。在他看来，如果认为革命战争是中心，而不去抓经济工作，甚至把搞经济工作骂为右倾，那是极端错误的。有些人口头上说一切服从战争，但不知如果取消了经济建设，这就不是服从战争，而是削弱战争。只有开展经济战线方面的工作，发展红色区域的经济，才能使革命战争得到相当的物质基础，才能扩大红军，打败敌人。当然，"中心工作"之外不只是"经济工作"，特别是随着革命力量的发展，随着毛泽东领导职务的变化，他面临的工作也越来越多，比如思想政治工作、政权工作、文化工作、教育工作、宣传工作、党的建设、统战工作、对外工作，等等。毛泽东基本上都能做到有条不紊，齐头并进，"可上九天揽月，可下五洋捉鳖"，轻松自如。

在社会主义革命和建设时期，毛泽东对"弹钢琴"的运用，集中体现在"十大关系"的处理上。他指出，在重工业和轻工业、农业的关系问题上，要用多发展一

---

① 《毛泽东选集》第 1 卷，人民出版社 1991 年版，第 123 页。
② 《毛泽东选集》第 1 卷，人民出版社 1991 年版，第 119 页。

些农业、轻工业的办法来发展重工业；在沿海工业和内地工业的关系问题上，要充分利用和发展沿海的工业基地，以便更有力量来发展和支持内地工业；在经济建设和国防建设的关系问题上，把军政费用降到一个适当的比例，增加经济建设费用，只有把经济建设发展得更快了，国防建设才能够有更大的进步；在国家、生产单位和生产者个人的关系问题上，三者的利益必须兼顾，不能只顾一头，既要提倡艰苦奋斗，又要关心群众生活；在中央和地方的关系问题上，要在巩固中央统一领导的前提下，扩大地方的权力，让地方办更多的事情，发挥中央和地方两个积极性；在汉族与少数民族的关系问题上，要着重反对大汉族主义，也要反对地方民族主义；在党和非党的关系问题上，共产党和民主党派要长期共存，互相监督；在革命和反革命的关系问题上，必须分清敌我，化消极因素为积极因素；在是非关系问题上，对犯错误的同志要实行"惩前毖后，治病救人"的方针，要允许人家犯错误，允许并帮助他们改正错误；在中国和外国的关系问题上，要学习一切民族、一切国家的长处，包括资本主义国家先进的科学技术和科学管理方法。① 这些矛盾的分析和处理方法，不少方面至今仍

---

① 《毛泽东文集》第7卷，人民出版社1999年版，第23—44页。

有重要的启示意义，其中最根本的一点就是告诉党的干部：干工作要善于处理各种关系，齐头并进。

学会"弹钢琴"，先要心中有"谱"，胸中有"数"。钢琴有多少键，每个键能弹出什么音符，必须了如指掌。解决矛盾，要深入到矛盾中去，特别是要掌握与之相关的数字。毛泽东把"胸中有数"也列为一条重要的工作方法。它的基本要求是，对情况和问题一定要注意到它们的数量方面，要有基本的数量的分析。因为任何质量都表现为一定的数量，没有数量也就没有质量。如果不懂得注意事物的数量方面，不懂得注意基本的统计、主要的百分比，不懂得注意决定事物质量的数量界限，一切都是胸中无"数"，结果就不能不犯错误。①

在运用数据方面，毛泽东可谓是一个高手，也是他的过人之处。比如，对中国革命的定位，就是他从中国占九成以上的农民这一"百分比"作出的。不是了解和注意到这一数据，他就不可能到农村去"闹革命"，不可能得出中国革命是"无产阶级领导下的农民战争"，不可能开出农村包围城市武装夺取政权的道路。除此，毛泽东论述问题和布置工作任务，也经常运用到数字。在七大上，他强调之所以需要"资本主义的广

① 《毛泽东选集》第4卷，人民出版社1991年版，第1442页。

大发展",是因为国共力量相差还很悬殊,接着他即用了一组数字进行说明,"他们有一百五十万军队,我们只有九十一万军队;……他们有两万万人口,我们只有一万万人口"①。有意思的是,档案资料显示,蒋介石敢于发动内战,同样是基于一组数字。不过,他了解到的中共真正有战斗力的军队只有四五十万人,正是基于此,他才提出了3个月消灭中共的狂妄计划。内战发生以后,毛泽东比蒋介石更高一筹的是,不在地盘上或空间上计较数量得失,而是在军队人数上注重力量翻转,他明确要求中共军队每个月至少消灭国民党5个师的有生力量。在某种程度上,国共之间的较量,是一种"数"的较量,谁对"数"有精确的了解,谁能抓住各种"数",谁就能取得胜利。

把数字运用到实际的工作中,最为典型的两个实例大概莫过于毛泽东在政治上创立的"三三制"政权和在经济上制定的"四面八方"政策。

从1940年开始,各抗日根据地普遍建立了"三三制"政权,就是在各级政府和参议会的组成人员中,共产党员只占三分之一,左派进步分子占三分之一,中间分子和其他人士占三分之一。这极大地调动了各阶级各

---

① 《毛泽东文集》第3卷,人民出版社1996年版,第314页。

阶层的积极性，扩大了中共局部执政的基础。但是在当时，"三三制"原则提出后，许多干部思想不通，担心"会削弱共产党的领导"，担心会失去"流血牺牲闹革命，打土豪、分田地建立的政权"。毛泽东认为有必要做一些说服工作。在陕甘宁边区第二届参议会上，毛泽东强调说："中国社会是一个两头小中间大的社会，无产阶级和地主大资产阶级都只占少数，最广大的人民是农民、城市小资产阶级以及其他的中间阶级。任何政党的政策如果不顾到这些阶级的利益，如果这些阶级的人们不得其所，如果这些阶级的人们没有说话的权利，要想把国事弄好是不可能的。"他还强调："国事是国家的公事，不是一党一派的私事。因此，共产党员只有对党外人士实行民主合作的义务，而无排斥别人、垄断一切的权利。"① 后来在陕甘宁边区政府的选举中，选出的边区政府委员 18 人当中，中共党员人数有 7 人，超过了"三三制"的规定，德高望重的老共产党员徐特立马上申请退出，按得票多少的次序，改由一名非党人士递补。毛泽东的诚恳态度，感动了许多中间人士。李鼎铭当选为边区政府副主席，会议第二天，他对人讲："昨

---

① 《毛泽东选集》第 3 卷，人民出版社 1991 年版，第 808、809 页。

天毛先生讲的几句话，真教我五体投地。他说我们的施政纲领与三三制，下面工作的人，还做得不够，他们仍旧掌一种闭门主义，不肯信任别人，把持包办，一意孤行。我想毛先生是共产党的最高领导人，他竟然把下面情形说得这样清楚，说得这样透彻，真是绝顶聪明。"①

此外，1949年，党的七届二中全会召开后，毛泽东提出经济上要"公私兼顾、劳资两利、城乡互助、内外交流"。简称"四面八方"政策。他还强调："'四面八方'缺一面，缺一方，就是路线错误、原则的错误。"② 这也是他"弹钢琴"方法的具体运用。当然，毛泽东在运用数字方面也有过失误和教训。比如，1958年发动大炼钢铁运动，紧紧盯住"1070"万吨钢，提倡生产计划三本账，鼓励农业放高产卫星，极大地损害了经济的正常发展。这说明对于数字运用一定要慎重，切不可想当然和滥用，否则就会有害无益，像现在的"数字出官"，是值得反思和检讨的。

胸中有数的一个重要内容，是对成绩和缺点有数。"要划清正确和错误、成绩和缺点的界限，还要弄清它

---

① 《陕甘宁边区参议会（资料选辑）》，中共中央党校科研办公室1985年1月编印，第242页。

② 陶鲁笳：《毛主席教我们当省委书记》，中央文献出版社1996年版，第128—129页。

们中间什么是主要的，什么是次要的。例如，成绩究竟是三分还是七分？说少了不行，说多了也不行。一个人的工作，究竟是三分成绩七分错误，还是七分成绩三分错误，必须有个根本的估计。如果是七分成绩，那末就应该对他的工作基本上加以肯定。把成绩为主说成错误为主，那就完全错了。"① 当然，即使取得了十分的成绩，也不能骄傲，"力戒骄傲。这对领导者是一个原则问题，也是保持团结的一个重要条件。就是没有犯过大错误，而且工作有了很大成绩的人，也不要骄傲。"②

　　历史上有很多因骄傲而失败的例子。所以，在党即将取得全国性胜利的历史时刻，毛泽东清醒地指出："因为胜利，党内的骄傲情绪，以功臣自居的情绪，停顿起来不求进步的情绪，贪图享乐不愿再过艰苦生活的情绪，可能生长。因为胜利，人民感谢我们，资产阶级也会出来捧场。敌人的武力是不能征服我们的，这点已经得到证明了。资产阶级的捧场则可能征服我们队伍中的意志薄弱者。可能有这样一些共产党人，他们是不曾被拿枪的敌人征服过的，他们在这些敌人面前不愧英雄

① 《毛泽东选集》第4卷，人民出版社1991年版，第1443页。
② 《毛泽东选集》第4卷，人民出版社1991年版，第1443页。

的称号；但是经不起人们用糖衣裹着的炮弹的攻击，他们在糖弹面前要打败仗。我们必须预防这种情况。夺取全国胜利，这只是万里长征走完了第一步。如果这一步也值得骄傲，那是比较渺小的，更值得骄傲的还在后头。在过了几十年之后来看中国人民民主革命的胜利，就会使人们感觉那好像只是一出长剧的一个短小的序幕。剧是必须从序幕开始的，但序幕还不是高潮。中国的革命是伟大的，但革命以后的路程更长，工作更伟大，更艰苦。这一点现在就必须向党内讲明白，务必使同志们继续地保持谦虚、谨慎、不骄、不躁的作风，务必使同志们继续地保持艰苦奋斗的作风。"①

可见，毛泽东对党取得的成绩是非常有数的。当然，这是建立在对历史有数的基础上的。对历史有数，就会对未来有数。正是毛泽东这种对骄傲的高度警惕，使中共经得起胜利和成功的考验，从而把事业顺利地推向一个新阶段。

"弹钢琴"还要注意细节，一个音符错了，整个曲子也就砸了。一般而言，毛泽东往往给人挥斥方遒、气势磅礴的感觉。其实，他是非常注重细节的。在指挥一

① 《毛泽东选集》第4卷，人民出版社1991年版，第1438—1439页。

场战斗之前，甚至战士碗里有没有肉，他都要关注和嘱咐。1951年，中美关于朝鲜问题谈判时，毛泽东几乎投入全部精力来指导谈判工作。他亲自起草朝中方面致"联合国军"总司令李奇微的多次复函，亲自审阅修改有关谈判接洽准备情况的新闻稿，亲自草拟朝中方面关于停战协定的草案，并征询金日成、彭德怀及斯大林的意见。许多具体而细微的准备工作，诸如谈判会议场所、对方代表团宿舍及我方代表团宿舍的布置，各种用具、设备和食品的准备，以及李克农、乔冠华和我方代表团成员到达谈判地点开城的具体时间等，毛泽东样样关照到了。

开城位于三八线以南，属于中朝军队控制区，是新解放区，情况复杂，战争中双方都在这里埋下了不少地雷。在安全上，不论哪一方面出问题，后果都将是严重的。所以，毛泽东特别关注安全问题。1951年7月2日凌晨4时，他致电彭德怀等前方同志，嘱咐他们要布置可靠的警戒，"务必保障会议的安全，不许出乱子"①。但他还放心不下，过了两天。4日凌晨4时，又给彭德怀专门发了一个五十来字的电报，写道："开城地区如

---

① 《毛泽东年谱（一九四九——一九七六）》第1卷，中央文献出版社2013年版，第367页。

埋有地雷，须加撤除，特别是李奇微代表的飞机降落地、汽车通道及会场附近，必须撤除干净，保障安全，不出乱子为要。"① 在停战谈判开始前，有关方面曾考虑将部分空军部队进驻朝鲜各机场。毛泽东没有同意，他批示："为不给敌人以口实，不要去。"②

1951 年 7 月 9 日，停战谈判正式开始的前一天，毛泽东还在仔细审阅南日、邓华准备在首次会议上的发言稿。他在给李克农并告金日成、彭德怀的电报中说："南日、邓华两个发言稿均可用。惟南日稿内称'愿意接受苏联驻联合国代表马立克先生的提议并准备举行停战谈判'，改为'愿意举行停战谈判'，将'接受苏联'以下二十一个字删去，因为李奇微的声明在文字上并无愿意接受马立克提议的表示，如果南日这样说，可能引起对方的无谓的批评。邓华发言稿中所说马立克提议一段则是好的，不会引起批评的。如果你们认为南日发言稿中应有提到马立克提议的话，应在另外的地方

---

① 《毛泽东年谱（一九四九——一九七六）》第 1 卷，中央文献出版社 2013 年版，第 370 页。

② 《毛泽东年谱（一九四九——一九七六）》第 1 卷，中央文献出版社 2013 年版，第 372 页。

去说。"① 毛泽东真是一个精细的人。

现在，人们常说，细节决定成败。毛泽东的成功，与其既能挥舞大枪又能弄绣花针的处事方式，不无关系。

---

① 《毛泽东年谱（一九四九——一九七六）》第 1 卷，中央文献出版社 2013 年版，第 373 页。

七、"一般和个别相结合"

一般和个别相结合的方法，是领导方法和工作方法的一条基本原则，是矛盾的共性、个性及其相互关系的原理和实践——认识——实践的认识论原理在工作方法上的具体运用。这是共产党人无论进行何项工作都必须采用的，必须普遍地提倡，使各级领导干部都能学会使用。

"一般和个别相结合"的哲学基础

一般和个别相结合的方法之所以适用于一切工作，之所以成为工作方法和领导方法的基本原则，就在于它以关于事物矛盾问题的精髓和人类认识事物的正常秩序为基础。我们如果做到一般和个别相结合，也就解决了认识世界和改造世界过程中的基本矛盾，也就比较容易找到解决其他矛盾的方法。

一般和个别相结合，体现了人类认识的过程。在领导工作中，拟方案、订计划、做总结、对下属机关和群众检查和布置工作，总是从认识个别、特殊的事物开始，逐步地扩大到认识一般的事物。人们总是首先从认识许多事物的特殊本质，加以概括总结后，再认识诸种事物的共同本质，然后以这种对事物共同本质的认识为指导，研究各种事物的特殊本质，这个过程可概括为"特殊——一般——特殊"。一般和个别相结合的领导方法，是以人类的这一认识顺序为理论基础的。

从哲学的角度看，世界上的一切事物都是对立的统一，都是由矛盾组成的。什么叫问题？问题就是矛盾。什么叫工作？工作就是解决矛盾。没有矛盾，就没有事物；没有问题，也就没有工作可做了。矛盾有其普遍性，也有其特殊性。在宇宙间，普遍性的东西和特殊性的东西是相互联系的，它们的区分只具有相对的意义。在一定场合为普遍性的东西，在另一场合则成为特殊性的东西；在一定场合为特殊性的东西，在另一场合则变成普遍性的东西。就每一个事物来说，其内部不但包含了矛盾的特殊性，而且也包含了矛盾的普遍性。普遍性存在于特殊性之中，特殊性中包含了普遍性。所谓做工作，就是去解决矛盾。工作方法和领导方法就是解决矛盾的方法。我们要把事情办好，没有科学的工作方法和领导方法是不行的。实行科学的工作方法和领导方法，就必须掌握矛盾分析的方法，去发现事物中所包含着的矛盾的普遍性和特殊性及其相互联系，发现一事物和他事物的相互联系。只有这样，我们才能对事物作出中肯的分析，作出恰当的处置。科学的方法是辩证的方法，而辩证的方法就是分析的方法，就是分析事物矛盾的方法，就是抓住矛盾的普遍性和特殊性这个矛盾问题的精髓进行分析的方法。因此，可以说，科学的工作方法和领导方法都是一般和个别相结合的方法，都是体现了事物矛盾问题精髓的辩证方法。也可以说，一般和个别相结合的方法是科学的工作方法和领导方法的精髓。

工作方法和领导方法问题，实质上也是一个认识论问题。科学的工作方法和领导方法是和人类正常的认识秩序，和人们认识发展的规律相适应的。人类认识真理的正常秩序是个别和一般相互联系、循环往复的过程。人类的认识总是从认识个别的事物开始，首先认识不同事物的特殊本质，然后再进一步作出概括，认识诸种事物的共同本质，达到一般的认识。当人们认识了这种共同的本质以后，再以这种共同的认识为指导，继续对尚未研究过的或尚未深入研究过的各种具体事物进行研究，找出其特殊的本质，以个别补充、丰富和发展这种共同的本质的认识，使一般不至于成为枯槁的和僵死的东西。人们只有研究矛盾的特殊性，认识个别的具体的事物的特殊本质，才能充分地认识矛盾的普遍性，从个别中把握一般，从特殊中认识普遍。而在认识了普遍、把握了一般之后，还必须继续深入研究那些尚未研究过的或者新出现的具体事物。事物范围的极其广大以及事物发展的无限性，决定了认识从个别到一般，又从一般到个别的发展的无限性。毛泽东曾指出，人类认识的正常秩序是两个相互联系的过程，"一个是由特殊到一般，一个是由一般到特殊。人类的认识总是这样循环往复地进行的，而每一次的循环（只要是严格地按照科学的方法）都可能使人类的认识提高一步，使人类的认识不断地深化"①。这就是马克思主义的认识论。科学的工作方法和领导方法所贯彻的一般和个别相结合的原则，正是体现了人类认识的这个秩序。一般的号召，反映着对于同一类事物共同本质的认识，而它的基础是对个别具体事物特殊本质的认识；否则，就不具有动员广大群众行动起来的普遍号召作用，不可能具有指导一般的效力。然而，工作又不能停留在一般号召上，不能只限于制定路线、方针和政策；为了使一般号召得以落实，路线、方针和政策得以贯彻，还需要到具体单位去深入实施，

———————————

① 《毛泽东选集》第1卷，人民出版社1991年版，第310页。

突破一点，取得新经验。这样，一方面，可以使一般的号召受到检验，得到丰富发展，并形成新的一般指示；另一方面，还可以使一般和个别相结合，化为具体的群众的活动。科学的工作方法和领导方法都是体现了一般和个别相结合的人类认识正常秩序的方法。

毛泽东对"一般和个别相结合"的重视和运用

毛泽东十分重视一般与个别相结合的工作方法，在中国革命和建设的实践过程中，他多次强调和运用了这一工作方法。

1943年6月，在《关于领导方法的若干问题》一文中，毛泽东提出的一个重要方法，就是要求党员干部在坚持"从群众中来，到群众中去"的过程中，一方面从许多个别指导中形成一般意见，即一般号召，以动员广大群众行动起来；另一方面又不限于一般号召，而是拿它到许多个别单位中去实施，突破一点，取得经验，然后集中新经验，做成新的指示去普遍地指导群众。

通过这种方法可以检验、补充一般号召，使一般号召不致落空，这是毛泽东对中国革命经验的科学总结。

1945年1月，毛泽东在《必须学会做经济工作》一文中指出，一般号召和具体指导相结合是推进生产的重要办法之一。新中国成立后，他把这一方法运用到社会主义革命和建设的实践中，提出了"解剖麻雀""试验""蹲点""点面结合"等具体的工作方法和领导方法。毛泽东指出："人的思想是从哪里来的？生下来就有，还是观察实践之后才有？人的思想不是天赋的，是后来外界事物反映形成的概念。看见狗、看见人、小孩、树木、马、石头等，概念初步形成之后，才可推理和判断。问三岁小孩子，你妈妈是狗还是人？他能回答是人不是狗，这就是小孩的判断。妈妈是个别的，人是一般的，这里面有同一性。这是个别与普遍的对立统一。这就是辩证法。"①

1959 年 12 月，毛泽东在读苏联《政治经济学教科书》时，讲了很多深刻的见解，其中就包括一般和个别的问题。他说，研究通史的人，如果不研究个别社会，个别时代的历史，是不能写出好的通史来的。研究个别社会，就是要找出个别社会的特殊规律，把个别社会的特殊规律研究清楚了，那么整个社会的普遍规律就容易认识了。要从研究许多特殊中间，看出一般来。特殊规律搞不清楚，一般规律是搞不清楚的。可见，一般和个

---

① 李锐：《"大跃进"亲历记》，上海远东出版社 1996 年版，第 344 页。

别相结合的方法，是一个具有普遍指导意义的科学的领导方法和工作方法。

此外，毛泽东在《中国革命战争的战略问题》一文中，根据一般和个别相结合的原理，把战争分为三个层次：战争、革命战争、中国革命战争。战争是一般，革命战争是特殊，中国革命战争又是特殊中的个别。"我们不但要研究一般战争的规律，还要研究特殊的革命战争的规律，还要研究更加特殊的中国革命战争的规律。"[①] 这里，毛泽东讲的是战争，但他的这种一般和个别相结合的思想方法和工作方法，对于一切领导工作都有普遍指导意义。他说，我们共产党人无论进行何项工作，有两个方法是必须采用的，一是一般和个别相结合，二是领导和群众相结合。这就把一般和个别相结合作为基本领导方法固定了下来。

同时，毛泽东还结合 1942 年的整风运动，详细论述了一般和个别相结合的方法。毛泽东认为，一般和个别相结合包含两个方面。第一方面要求从一般出发，先要上升到一般的高度，从一般号召出发，号召群众，动员群众。他说："任何工作任务，如果没有一般的普遍

---

① 《毛泽东选集》第 1 卷，人民出版社 1991 年版，第 171 页。

的号召，就不能动员广大群众行动起来。"① 这仅仅是第一步。进而，毛泽东指出，但如果只限于一般号召，而领导人员没有具体地直接地从若干组织将所号召的工作深入实施，突破一点，取得经验，然后利用这种经验去指导其他单位，就无法考验自己提出的一般号召是否正确，无法充实一般号召的内容，就有使一般号召落空的危险。所以，从一般号召出发仅仅是一般和个别相结合的第一步。一般和个别相结合的第二方面，即第二步，就是一般要结合个别，既是对一般号召的考验，也是对一般号召的充实。与个别相结合是一般号召的进一步发展。也就是说，没有个别的一般是空泛的，没有一般的个别是狭隘的。在此基础上，毛泽东提出了一般和个别相结合的具体方法。毛泽东说，除提出一般号召（全年整风计划）外，必须在自己机关中和附近机关、学校、部队中，选择二三单位（不要很多），深入研究，详细了解整风学习在这些单位的发展过程，详细了解这些单位中若干个（不要很多）有代表性的工作人员的政治经历、思想特点、学习勤懒和工作优劣，并亲自指导这些单位的负责人，具体地解决各单位的实际问题，并借以取得经验。任何领导人员，凡不从下级个别单位的个别

---

① 《毛泽东选集》第 3 卷，人民出版社 1991 年版，第 897 页。

人员、个别事件取得具体经验者，必不能向一切单位作普遍的指导。这一方法必须普遍地提倡，使各级领导干部都能学会使用。

毛泽东在长期的领导实践中，还把一般和个别相结合的方法化解为若干具体的方法。其中，就包括典型调查方法、试点法、分类指导法等。

所谓典型调查方法，就是通过对个别具有代表性的典型事物进行深入地调查研究，从中找出事物内部的必然联系，以指导全面工作。毛泽东在《我们党的一些历史经验》中指出："像党的总书记这样主要的领导人员，要亲自动手，了解一两个农村，争取一些时间去做，这是划得来的。麻雀虽然很多，不需要分析每个麻雀，解剖一两个就够了。"[①] 为什么只需解剖一两个麻雀就可以了呢？因为共性存在于个性之中，解剖了个别事物，就能从中找出普遍性的东西，作出一般性的结论。解剖麻雀方法是通常运用的一种从个别中认识一般、从个性中把握共性的有效的认识方法，是一般和个别相结合方法在实际工作中的具体化。

所谓试点法，又称以点带面法或种试验田法。这是由一般到个别的有效的实践方法。毛泽东在《工作方法

①《毛泽东文集》第7卷，人民出版社1999年版，第134页。

六十条（草案）》中说："普遍推广试验田。这是一个十分重要的领导方法。……在乡村是试验田，在城市可以抓先进的厂矿、车间、工区和工段。突破一点就可以推动全面。"① 他倡导，领导干部在实施决策过程中，通过试点工作，总结经验教训，不断丰富和完善领导决策，然后再把试点经验推广到其他单位，促进领导干部决策的全面贯彻执行。试点法需要注意选好试点对象。试点单位必须具有典型性和代表性，只有如此，试点经验才具有普遍意义，值得进一步推广；同时，要从试点中总结出规律性的东西。试点的目的在于从个别中把握一般、从个性中把握共性。只有认真总结试点的成功经验或失败教训，才能通过一点，推广普及；还要正确对待试点的经验，成功经验要充分肯定，进一步发扬光大；失败教训要认真总结，找出失败原因。对试点经验不能人为拔高，甚至把失误也当作经验来推广，否则就会造成更大损失。

所谓分类指导法，就是在执行决策的过程中，根据对象的不同情况和特点，划分为若干类型，然后对同类事情采取相同的方法去解决；对不同类型的事物，采取不同的方法去处理。

---

① 《毛泽东文集》第7卷，人民出版社1999年版，第349页。

当然，人们在实践工作中会遇到各种各样的问题，因此处理问题的方法必须多种多样，既不能用单一的方法处理所有问题，又不能处理一个问题采取一种方法，而应当正确划分事物的类型，然后根据这种划分对症下药，分类指导，只有这样才能使问题得到圆满解决。

"一般和个别相结合"的具体要求

一般和个别相结合的过程，可以分为两个阶段：一是从个别到一般，是政策的形成阶段，即决策阶段；二是从一般到个别，是政策的贯彻执行阶段，即决策的实施阶段。从个别到一般，再从一般到个别，这就是一般和个别相结合方法的整个过程。

一般和个别相结合的方法，首先必须从许多具体事物中总结出一般规律，形成政策、号召和意见，然后再到许多个别单位中去试验，以检验政策和意见的正确性，并在试验中取得新的经验，使政策进一步丰富和完善，从而保证政策的顺利贯彻执行，实现预定的领导目标。这就要求领导者必须进行深入的调查，认真地分析研究，从许多个别中找出一般规律性的东西，从而制定出正确的路线、方针和政策。

路线、方针和政策属于一般的东西，它们的制定必须是在深入实践，解剖麻雀，从个性中找到共性之后才能完成。如毛泽东在指导农业合作化运动时，就具体地分析了河北省三户贫农坚持搞合作社的事例。1955 年 7 月，毛泽东在《关于农业合作化问题》中指出："这三户贫农所表示的方向，就是全国五亿农民的方向。一切个体经营的农民，终归是要走这三户贫农所坚决地选择了的道路的。"①搞清楚几个合作社，就可以作出适当的结论，制定出合乎实际的正确的路线、方针和政策。毛泽东形象地把这叫作解剖麻雀。他说，要了解麻雀的机体构造，解剖一只或几只就可以了；不要把所有的麻雀统统捉来解剖，然后才证明"麻雀虽小，肝胆俱全"。从来的科学家都不是这么干的。在用一般的东西去号召群众时，领导人员又必须深入下去，对具体情况进行研究，检验一般号召，并用自己取得的第一手材料对一般号召加以修改、充实。这样做反过来会有利于指导全面工作，有利于一般号召的落实，也有利于制定出新的路线、方针和政策。毛泽东一再要求各级领导干部在一定的时间内亲身研究一个合作社，一个工厂，一个商店，一个学校，取得知识，取得发言权，以利于指导全盘工作。这都是为了贯彻一般和个别相结合的原则。

---

① 《毛泽东文集》第 6 卷，人民出版社 1999 年版，第 424 页。

好的领导就是善于实行这种方法的领导，毛泽东一贯努力倡导和推广这种方法。他说："从许多个别指导中形成一般意见（一般号召），又拿这一般意见到许多个别单位中去考验（不但自己这样做，而且告诉别人也这样做），然后集中新的经验（总结经验），做成新的指示去普遍地指导群众。"① 他强调，任何工作都应该这样做，"比较好的领导，就是从比较善于这样去做而得到的"②。

毛泽东指出，在一般和个别相结合的过程中，容易出现两种错误：一是重视一般轻视个别，形成教条主义；二是重视个别轻视一般，造成经验主义。两种错误在具体工作中，都得避免。毛泽东指出，教条主义者"不了解研究当前具体事物的矛盾的特殊性，对于我们指导革命实践的发展有何等重要的意义"③。因此，在革命斗争和社会主义建设中，不顾实际情况而机械地搬用马克思主义的个别词句，迷信外国具有特殊性的经验，照搬一般经验，在执行路线、方针、政策和计划、方案、各项决议时，不结合实际，不分时间地点和条件，不因时因地制宜，用一般去代替个别，常常使革命

---

① 《毛泽东选集》第 3 卷，人民出版社 1991 年版，第 900 页。
② 《毛泽东选集》第 3 卷，人民出版社 1991 年版，第 900 页。
③ 《毛泽东选集》第 1 卷，人民出版社 1991 年版，第 304 页。

或建设工作遭到严重损失。经验主义者拘守于自身的狭隘经验，把局部经验误认为普遍真理，抓住个别，忽视一般，只见树木，不见森林，不重视把实际经验上升为理论，凭个人的感想或狭隘经验去代替路线、方针、政策，沾沾自喜于一己之见和一得之功，在行动中有很大的盲目性。只有反对教条主义和经验主义，才能坚持一般和个别相结合。

总之，能否做到一般和个别相结合是衡量工作方法和领导方法科学与否的一个标准。中国共产党长期以来所倡导的群众路线、调查研究、一切经过试验、解剖麻雀、典型试验、弹钢琴、以点带面、点面结合、抓住中心环节带动其他，对比等方法，无一不是从不同的角度，以不同的形式表述和体现了这一工作方法的重要性。

八、从群众中来，到群众中去

　　1943 年 6 月 1 日，毛泽东在《关于领导方法的若干问题》一文中指出："在我党的一切实际工作中，凡属正确的领导，必须是从群众中来，到群众中去。这就是说，将群众的意见（分散的无系统的意见）集中起来（经过研究，化为集中的系统的意见），又到群众中去作宣传解释，化为群众的意见，使群众坚持下去，见之于行动，并在群众行动中考验这些意见是否正确。然后再从群众中集中起来，再到群众中坚持下去。如此无限循环，一次比一次地更正确、更生动、更丰富。这就是马克思主义的认识论。"毛泽东特别强调：我们的干部中，自以为是的很不少。其原因之一，是不懂马克思主义的认识论，因此，不厌其烦地宣传这种认识论，是非常必要的。简单地说，这种认识论就是从群众中来，到群众中去。那么，在实际工作中如何做到从群众中来，到群众中去呢？

前提：先做学生，再做先生

1949 年 3 月 13 日，毛泽东在《党委会的工作方法》一文中指出："不懂得和不了解的东西要问下级，不要轻易表示赞成或反对。有些文件起草出来压下暂时不发，就是因为其中还有些问题没有弄清楚，需要先征求下级的意见。我们切不可强不知以为知，要'不耻下问'，要善于倾听下面干部的意见。先做学生，然后再做先生；先向下面干部请教，然后再下命令。"① 如何能做到这一点呢？

首先，领导要力戒骄傲。毛泽东指出，要学习，不要骄傲，不能看不起人。鹅蛋看不起鸡蛋，黑色金属看不起稀有金属，这种看不起人的态度是不科学的。"这对领导者是一个原则问题，也是保持团结的一个重要条件。就是没有犯过大错误，而且工作有了很大成绩的人，也不要骄傲。"② 新中国成立前夕，以毛泽东同志为主要代表的中国共产党人保持着清醒的头脑，以"赶考"的心态及时告诫全党同志警惕资产阶级"糖衣炮弹"的袭击，强调务必继续保持谦虚、谨慎、不骄、不躁的

---

① 《毛泽东选集》第 4 卷，人民出版社 1991 年版，第 1441 页。
② 《毛泽东选集》第 4 卷，人民出版社 1991 年版，第 1443 页。

作风和艰苦奋斗的作风。为了防止和克服可能出现的问题，他在党的七届二中全会上就作出了六项规定：一、不做寿；二、不送礼；三、少敬酒；四、少拍掌；五、不以人名作地名；六、不要把中国同志与马恩列斯平列。

其次，领导要破除官气，扫掉官气。1958年5月，毛泽东在中共八大二次会议上讲话强调，中国共产党执政后，党员干部要以普通劳动者的姿态出现。他指出："我们有些干部是老子天下第一，看不起人，靠资格吃饭，做了官，特别是做了大官，就不愿意以普通劳动者的姿态出现。这是一种很恶劣的现象。要破除官气，要扫掉官气，要在干部当中扫掉这种官气。官气是一种低级趣味，摆架子、摆资格、不平等待人、看不起人，这是最低级的趣味，这不是高尚的共产主义精神。"①破除官气、扫掉官气的办法就是领导干部要以平等的态度，把自己也看作普通群众的一员，认真倾听群众的意见。1958年1月，毛泽东在《工作方法六十条（草案）》第二十六条中强调，以真正平等的态度对待干部和群众。必须使人感到人们互相间的关系确实是平等的，使人感到你的心是交给他的。任何人不论官有多大，在人民中

———————

① 《毛泽东文集》第7卷，人民出版社1999年版，第378—379页。

间都要以一个普通劳动者的姿态出现。决不许可摆架子。一定要打掉官风。对于下级所提出的不同意见，要能够耐心听完，并且加以考虑，不要一听到和自己不同的意见就生气，认为是不尊重自己。这是以平等态度待人的条件之一。

再次，领导要既反对命令主义，又反对尾巴主义。命令主义表现为各级领导用命令的方式去强行宣传和推进政策，不管群众了解不了解，接受不接受。毛泽东极力反对这种倾向，他强调："我们一定不能要命令主义，我们要的是努力宣传，说服群众，按照具体的环境、具体地表现出来的群众情绪，……去做一切经济动员的工作。"①"在一切工作中，命令主义是错误的，因为它超过群众的觉悟程度，违反了群众的自愿原则，害了急性病。"②尾巴主义表现为各级领导落后于群众的觉悟程度，自以为自己还不了解的东西，群众也一概不了解。这时，"我们的同志不能做广大群众的领导者，却反映了一部分落后分子的意见，并且将这种落后分子的意见误认为广大群众的意见，做了落后分子的尾巴"③。毛泽东在党的七大的结论中指出，"没有预见就没有领

① 《毛泽东选集》第 1 卷，人民出版社 1991 年版，第 125 页。
② 《毛泽东选集》第 3 卷，人民出版社 1991 年版，第 1095 页。
③ 《毛泽东选集》第 3 卷，人民出版社 1991 年版，第 1096 页。

导，……坐在指挥台上，如果什么也看不见，就不能叫领导。坐在指挥台上，只看见地平线上已经出现的大量的普遍的东西，那是平平常常的，也不能算领导。只有当着还没有出现大量的明显的东西的时候，当桅杆顶刚刚露出的时候，就能看出这是要发展成为大量的普遍的东西，并能掌握住它，这才叫领导。"①领导只有有预见，看得见将来，才能做群众的引领者。避免命令主义和尾巴主义的根本途径就是要到群众中去考察、了解和倾听群众的心声，并从中制定出符合群众觉悟程度的政策。

只有首先善于做群众的学生的人，才有可能做群众的先生，并且只有继续做学生，才能继续做先生。关于这方面的一个突出事例，就是新中国第一部宪法的制定。1952 年 11 月，中央就作出决定，着手准备召开全国人民代表大会，制定宪法。为起草新中国第一部宪法，毛泽东首先于 1953 年 1 月 11 日召集 18 位党外民主人士参加座谈会，广泛听取意见。1953 年 12 月下旬，毛泽东即带领宪法起草小组成员，离开北京到达杭州，专心致志着手这项奠定新中国民主与法制基础的重大工

---

① 《毛泽东文集》第 3 卷，人民出版社 1996 年版，第 394—395 页。

程。在他亲自主持下，1954 年 2 月中旬初稿完成。以后经过中央政治局会议几次讨论，又征求法律、语言等方面专家的意见，1954 年 3 月 9 日宪法草案四读稿写成。接着，中共中央连续召开政治局扩大会议，决定扩大范围进一步讨论修改后提交宪法起草委员会。此后，宪法草案通过全国有代表性的 8000 多人广泛讨论和反复修改，于 6 月 14 日经毛泽东主持召开的中央人民政府委员会第 30 次会议审议通过。这个草案共经过全国 1.5 亿多人参加的大讨论，并作了一些重要修改后，毛泽东于 9 月 8 日主持宪法起草委员会第八次会议，作最后讨论修改。接着又经 9 月 14 日毛泽东主持召开的中央人民政府委员会临时会议审议，这才递交 1954 年 9 月 15 日开幕的第一届全国人民代表大会第一次会议审议。9 月 20 日，会议采取无记名投票方式对《中华人民共和国宪法》进行表决，获得全票通过。[1]

制定 1954 年宪法的过程，充分体现了领导与群众相结合的方法。作为领导，只有集中广大群众的意见，博采众长，才能制定出好的政策。

---

[1]　陈中原：《新中国成立后毛泽东贯彻实施群众路线的理论与实践》，《党的文献》2013 年第 5 期。

路径：群众路线

"从群众中来，到群众中去"的"桥"和"船"就是群众路线。"从群众中来"，就是深入到群众中去，通过认真的调查研究，了解群众的意见和要求，"将群众的意见（分散的无系统的意见）集中起来（经过研究，化为集中的系统的意见）"。"到群众中去"就是"到群众中去作宣传解释，化为群众的意见，使群众坚持下去，见之于行动，并在群众行动中考验这些意见是否正确"①。毛泽东强调指出："只有蠢人，才是他一个人，或者邀集一堆人，不作调查，而只是冥思苦索地'想办法'，'打主意'。须知这是一定不能想出什么好办法，打出什么好主意的。"②毛泽东强调："制定一整套的具体的方针、政策和办法，必须通过从群众中来的方法，通过作系统的周密的调查研究的方法，对工作中的成功经验和失败经验，作历史的考察，才能找出客观事物所固有的而不是人们主观臆造的规律，才能制定适合情况的各种条例。"③

如何开展群众路线、了解实际情况呢？毛泽东强

---

① 《毛泽东选集》第 3 卷，人民出版社 1991 年版，第 899 页。
② 《毛泽东选集》第 1 卷，人民出版社 1991 年版，第 110 页。
③ 《毛泽东文集》第 8 卷，人民出版社 1999 年版，第 305 页。

调，领导干部做好社会调查一定要以"放下臭架子、甘当小学生的精神"去扎扎实实地开调查会，倾听群众意见。

1941年6月3日，陕甘宁边区政府在延安的杨家岭小礼堂召开边区各县县长联席会议，讨论征粮工作和农民负担问题。当天下午正在开会的时候，突然大风暴雨；一个炸雷，击断了礼堂的一根木柱，坐在附近的延川县代县长李彩云猝不及防，不幸触电身亡。同一天，一位农民饲养的一头驴也被雷电击死了。噩耗传开以后，人们议论纷纷。这位农民逢人就说：老天爷不开眼，响雷把县长劈死了，为什么不劈死毛泽东？保卫部门闻讯，要把这件事当作反革命事件来追查。毛泽东不仅阻止了保卫部门的行动，而且还找到为首的老乡到窑洞了解情况。一了解，才知道当时共产党的赋税太重，所以老乡们才怨声载道。毛泽东指出，群众发牢骚，有意见，说明我们的政策和工作有毛病。不要一听到群众有议论，尤其是尖锐一点的议论，就去追查，就要立案，进行打击压制。这种做法实际上是软弱的表现，是神经衰弱的表现。我们共产党人无论如何不要造成同群众对立的局面。毛泽东没有生气，而是主动找来一些老乡代表到窑洞里谈心，采纳和集中群众的意见。之后，共产党采取了精兵简政，开展大生产运动。这些举措的出台不仅受到边区干群的一致拥护和好评，而且使边区的困难局面大为改观，大大减轻了老百姓的负担。老百姓从现实中得到了甜头，所以才自发地改编陕北民歌，"一疙瘩玻璃四下明，咱和共产党一娘生，共产党来了烧开水，反动派来了埋地雷"来表达打心里对共产党的拥护。

1943 年 11 月 29 日，毛泽东在中共中央招待陕甘宁边区劳动英雄大会上讲话时强调："我们共产党员，无论在什么问题上，一定要能够同群众相结合。如果我们的党员，一生一世坐在房子里不出去，不经风雨，不见世面，这种党员，对于中国人民究竟有什么好处没有呢？一点好处也没有的，我们不需要这样的人做党员。……我们应该走到群众中间去，向群众学习，把他们的经验综合起来，成为更好的有条理的道理和办法，然后再告诉群众（宣传），并号召群众实行起来，解决群众的问题，使群众得到解放和幸福。"①

新中国成立后，群众路线这个传家宝得到继承和弘扬。1958 年 1 月，毛泽东在《工作方法六十条（草案）》中规定："中央和省、直属市、自治区两级党委的委员，除了生病的和年老的以外，一年一定要有四个月

---

① 《毛泽东选集》第 3 卷，人民出版社 1991 年版，第 933 页。

的时间轮流离开办公室，到下面去作调查研究，开会，到处跑。应当采取走马看花、下马看花两种方法。哪怕到一个地方谈三四小时就走也好。要和工人、农民接触，要增加感性知识。中央的有些会议可以到北京以外的地方去开，省委的有些会议可以到省会以外的地方去开。"①1961年3月23日，为了总结"大跃进"的经验教训，中央发出《中共中央关于认真进行调查工作问题给各中央局，各省、市、区党委的一封信》，要求从中央到地方各级党委要高度重视调查研究工作。从年初开始，毛泽东就安排胡乔木、田家英、陈伯达分别到湖南、浙江和广东进行调研；从4月至5月中旬，刘少奇在湖南宁乡县蹲点调查44天；周恩来于4月28日到5月14日在河北邯郸进行调查研究；朱德在4月至5月间赶赴四川、陕西、河南等省调查；5月上旬至6月上旬，邓小平和彭真直接组织五个调查组，在北京市顺义县、怀柔县进行调查；6月陈云回到家乡上海青浦的公社做了半个月的调查研究工作。通过从上到下的调查研究和群众工作，中国共产党对"大跃进"中的一些政策进行了反思和纠正，制定了一些行之有效的政策。正如毛泽东所说的："水是浑的，有没有鱼不知道，就要大

---

① 《毛泽东文集》第7卷，人民出版社1999年版，第354页。

兴调查研究之风。要把浮夸、官僚主义、不摸底这些东西彻底克服掉。过去有几年不大讲调查研究了，是损失。不根据调查研究来制定方针、政策是不可靠的，很危险"①。

"知屋漏者在宇下，知政失者在草野。"调查研究是谋事之基、成事之道。领导干部只有"身入"基层，"心到"基层，才能做到深入实际、深入基层、深入群众。只有这样，才能找准问题、有的放矢。

方法：民主集中制

"从群众中来，到群众中去"的一个重要方法就是民主集中制。1962 年 1 月 30 日，在七千人大会上，毛泽东指出，民主集中制"是一个群众路线的方法。先民主，后集中，从群众中来，到群众中去，领导同群众相结合"。民主集中制首先是民主。民主实际上就是从群众中来的过程。没有民主，就不可能有正确的集中。"我们的领导机关，就制定路线、方针、政策和办法这一方面说来，只是一个加工工厂。""如果没有民主，不了解

---

① 《毛泽东年谱（一九四九——一九七六）》第 4 卷，中央文献出版社 2013 年版，第 534 页。

下情，情况不明，不充分搜集各方面的意见，不使上下通气，只由上级领导机关凭着片面的或者不真实的材料决定问题，那就难免不是主观主义的，也就不可能达到统一认识，统一行动，不可能实现真正的集中。"① 所以，不论党内外，都要有充分的民主生活，"要真正把问题敞开，让群众讲话，哪怕是骂自己的话，也要让人家讲"②。集中就是集中正确的意见。"在集中正确意见的基础上，做到统一认识，统一政策，统一计划，统一指挥，统一行动，叫作集中统一。"③

以毛泽东为代表的老一辈革命家是贯彻民主集中制的典范。在革命战争年代，毛泽东经常在作决策前反复征求在前线作战指战员的意见。1948 年 9 月 24 日，当济南战役即将结束的时候，粟裕向中央军委提出了举行淮海战役的建议。毛泽东第二天为中央军委起草批示："我们认为举行淮海战役，甚为必要。"④

再比如，被称为探索适合中国情况的建设社会主义道路的开篇之作的《论十大关系》，就是毛泽东在认真

① 《毛泽东文集》第 8 卷，人民出版社 1999 年版，第 294 页。
② 《毛泽东文集》第 8 卷，人民出版社 1999 年版，第 291 页。
③ 《毛泽东文集》第 8 卷，人民出版社 1999 年版，第 294 页。
④ 《毛泽东军事文集》第 5 卷，军事科学出版社、中央文献出版社 1993 年版，第 19 页。

倾听各部门工作汇报基础上的结晶。毛泽东从 1956 年
2 月 24 日开始，到 4 月 24 日结束，几乎每天都在听取
各部门的工作汇报。为了听报告，毛泽东还不得不改变
自己长期养成的夜间工作的习惯，每天早上一起床，就
开始听报告，每次都是四五个小时。毛泽东每次倾听他
们的报告时，不断插话，提出问题，发表意见，进行评
论。正是在这个过程中，他形成了对社会主义建设问题
的思考和见解。毛泽东本人后来也回忆说："那个十大
关系怎么出来的呢？我在北京经过一个半月，每天谈一
个部，找了三十四个部的同志谈话，逐渐形成了那个十
条。如果没有那些人谈话，那个十大关系怎么会形成
呢？不可能形成。"①

落脚点：全心全意为人民服务

"从群众中来，到群众中去"的落脚点是全心全意
为人民服务。"从来就没有什么救世主，也不靠神仙皇
帝；要创造人类的幸福，全靠我们自己。"② 马克思主义
政党的一切理论和奋斗都应致力于实现最广大人民的根

① 毛泽东在中共中央政治局扩大会议上的讲话记录，1958 年
2 月 18 日。根据现存的档案材料，向毛泽东汇报的是 35 个部门。

② 《列宁选集》第 2 卷，人民出版社 2012 年版，第 268 页。

本利益，这是马克思主义最鲜明的政治立场。全心全意为人民服务，就是要始终坚持人民利益高于一切，一切从人民的根本利益出发，一切为了群众，一切依靠群众，真心实意地帮助人民实现自己的利益。总之，一切群众的实际生活问题，都是我们应当注意的问题。假如我们对这些问题注意了，解决了，满足了群众的需要，我们就真正成了群众生活的组织者，群众就会真正围绕在我们的周围，热烈地拥护我们。

　　土地革命战争时期，在福建才溪和长冈两地，党和红军真正解决了群众的生产和生活问题，包括群众关心的盐的问题、米的问题、房子的问题、衣的问题、生小孩子的问题等，所以极大地调动了当地群众革命的积极性。广大群众积极拥护我们，把革命当作他们的生命，把革命当作他们无上光荣的旗帜。根据毛泽东在1933年11月写的《才溪乡调查》，福建长冈乡全部青年壮年男子（16岁至45岁）407人，其中出外当红军、做工作的320人，占79%。上才溪全部青年壮年男子（16岁至55岁）554人，出外当红军、做工作的485人，占88%。下才溪全部青年壮年男子765人，出外当红军、做工作的533人，也占了70%。反之，如果你不关心群众的生活，群众就不会拥护你。如土地革命战争时期，福建汀州市政府只管扩大红军和动员运输队，对群众生活问题一点不理。群众没有房子住、没有柴火烧，没有米吃。这些群众的实际问题，十分盼望政府帮助他们去解决，但汀州市政府一点也不讨论。这样的结果就是汀州市工农代表会议召集不成，政府在扩大红军、动员运输队方面，因此也就极少有成绩。

延安时期，以毛泽东为核心的党中央，率先垂范，面向群众，服务群众，成为"为民谋利""人民救星"的光辉典范，并涌现出像白求恩和张思德那样的楷模榜样。毛泽东说道："我们共产党人好比种子，人民好比土地。我们到了一个地方，就要同那里的人民结合起来，在人民中间生根、开花。"① 延安时期，党所制定的路线、方针、政策和一切活动，都体现了人民群众的根本利益。政权建设上，实行"三三制"民主政治，真正使人民当家作主。经济上，坚持把给人民群众看得见的物质福利作为党的根本任务。抗日战争时期，在民族矛盾大于阶级矛盾的背景下，中国共产党提出了著名的"减租减息"土地政策。全面内战爆发后，从 1946 年开始，在中共中央的领导下，由各地分局具体负责，在新老解放区陆续开始了土改。1947 年 10 月中央颁布《中国土地法大纲》，把土改运动推向了高潮。使得农民在经济上

---

① 《毛泽东选集》第 4 卷，人民出版社 1991 年版，第 1162 页。

获得巨大利益的同时，在政治上也翻了身。由于中国共产党真正解决了广大农民最为关心的土地问题，坚定地为农民谋利益，赢得了占中国人口 80% 农民的坚定支持，同他们建立了巩固的联盟。对于民族资本主义，共产党认为中国不是太多了，而是太少了，需要它们在中国来一个广大的发展。另外，共产党人严格要求自己，拒腐防变、为政清廉。在延安时期的艰苦岁月里，军民发扬自力更生、艰苦奋斗的创业精神开辟了根据地的一片新天地。正是因为共产党人从上到下都一致践行全心全意为人民服务的根本宗旨，从而保证了共产党人作风上的纯洁性，也赢得了延安老百姓的真心拥护。正因如此，毛泽东强调："真正的铜墙铁壁是什么？是群众，是千百万真心实意地拥护革命的群众。这是真正的铜墙铁壁，什么力量也打不破的，完全打不破的"①。

"当官不为民做主，不如回家卖红薯。"树立全心全意为人民服务的根本宗旨，绝不是空洞的口号，必须十分具体地落实到解决群众生产和生活的实际问题上。民生无小事，枝叶总关情。凡是涉及群众的切身利益和实际困难的事情，再小也要尽全力去办。在这个过程中，我们要解决好赋之以形和付之以行这两个问题。

---

① 《毛泽东选集》第 1 卷，人民出版社 1991 年版，第 139 页。

首先，要赋之以形，即要用大众化的语言形式把马克思主义表达出来。1941年毛泽东在《驳第三次"左"倾路线》中指出：我常觉得，马克思主义这种东西，是少了不行，多了也不行的。中国自从有那么一批专门贩卖马克思的先生们出现以来，把共产党闹得乌烟瘴气，白区的共产党为之闹光，苏区与红军为之闹掉90%以上，全都是吃了马克思主义太多的亏。这批人自封为"马克思主义理论家"，家里有成堆的马克思主义出卖，装潢美丽，自卖自夸，只此一家，别无分店，如有假冒，概不承认。直到被人戳穿西洋镜，才发现其宝号里面尽是些假马克思，或死马克思，臭马克思，连半个真马克思，活马克思，香马克思也没有，可是受骗的人已不知有几千几万，其亦可谓惨也已矣！何谓活的马克思主义，何谓香的马克思主义？大众化的马克思主义才是。大众化的马克思主义从形式上来说要符合老百姓的心理口味，不能太多也不能太少。勒庞在《乌合之众》一书中指出：给群体提供的无论是什么观念，只有当它们具有绝对的、毫不妥协的和简单明了的形式时，才能产生有效的影响。[①] 比如党群关系，毛泽东把他比喻为

---

① [法] 古斯塔夫·勒庞：《乌合之众》，冯克利译，中央编译出版社2005年版，第44页。

鱼和水的关系；为人民服务，毛泽东把它比喻为共产党手里要拾把米，鸡才能跟你回家等。另外，一切宗教或政治信条的创立者之所以能够立住脚，皆因为他们成功地激起了群众想入非非的感情，使群众在崇拜和服从中，找到了自己的幸福，随时准备为自己的偶像赴汤蹈火，这在任何时代概无例外。①比如"打土豪，分田地"就激发起了处在封建剥削下的农民的梦。"打土豪，分田地"的最大特点，就是把国家、民族和个人作为一个命运共同体，把国家利益、民族利益和每个人的具体利益紧紧联系在一起。

其次，要付之以行，就必须使党的各项政策在以人为本上真正落地。"'思想'一旦离开'利益'，就一定会使自己出丑。"②1938年，毛泽东在会见平民教育会会员诸述周时说，政治问题，主要是对人民的态度，看你是想和老百姓做朋友，还是站在老百姓的头上压迫他们，只要和他们接近，和他们打成一片，他们自然相信你，随你要他们的钱，要他们的命都可以办到。只要调动了广大农民的积极性，何愁没有人上前线，何愁没有

---

① ［法］古斯塔夫·勒庞：《乌合之众》，冯克利译，中央编译出版社2005年版，第54页。

② 《马克思恩格斯文集》第1卷，人民出版社2009年版，第286页。

人抗战？在"从群众中来，到群众中去"的过程中，一定要坚持以百姓心为心，努力解民忧、办实事，这样才能赢得老百姓的支持和拥护。正如习近平总书记在庆祝建党 95 周年讲话时强调的，全党同志要把人民放在心中最高位置，坚持全心全意为人民服务的根本宗旨，实现好、维护好、发展好最广大人民根本利益，把人民拥护不拥护、赞成不赞成、高兴不高兴、答应不答应作为衡量一切工作得失的根本标准，使我们党始终拥有不竭的力量源泉。

九、原则性与灵活性相结合

在制定和实行政策的过程中，必须把原则的坚定性与策略的灵活性结合起来。这是毛泽东工作方法的重要组成部分，是革命成功的重要经验，也是一项重要的工作艺术。

原则性和灵活性的统一是马克思列宁主义的原则

毛泽东在领导中国革命和建设的过程中，结合中国的实际情况，将原则性和灵活性很好地结合在一起，领导革命和建设取得一个又一个胜利。毛泽东认为："原则性和灵活性的统一，是马克思列宁主义的原则"①。那么，为什么既要坚持原则性，又要有必要的灵活性呢？毛泽东结合自己的丰富实践，阐明了原则性和灵活性相

---

① 《毛泽东文集》第7卷，人民出版社1999年版，第332页。

结合的理论根据。在他看来，之所以要把原则性和灵活性结合起来，主要有五个方面原因：

任何事物都是矛盾普遍性和特殊性的辩证统一，既有同类事物的共性，又有自己的个性和特殊性。这就决定了我们在实践活动中既要坚持原则性，又必须有一定灵活性。比如，马克思主义是放之四海而皆准的真理，具有普遍的指导意义，但是如果它不和各国革命的特殊实情相结合，加以灵活应用，就不能指导实践。各国的革命经验也是如此。这种经验中有的包含有一定的普遍性，因而可供别的国家借鉴，但是这种普遍性是通过特殊性表现出来的，因而不能简单照搬，必须根据本国特点灵活地加以应用。

事物都是内容和形式的统一，在二者的关系中，内容决定形式，形式服从和服务于内容；内容具有相对稳定性，形式则具有可变性，同一内容可以采取不同形式。就无产阶级革命来说，由于同一国家的不同地区、阶段的具体情况不同，完全可以也应该采取不同的斗争形式。"马列主义的原则，革命的组织形式应该服从于革命斗争的需要，如果组织形式已经与斗争的需要不相适合时，则应取消这个组织形式。"① 社会经济政治情况

---

① 《毛泽东文集》第3卷，人民出版社1996年版，第20页。

变化了，主要矛盾和革命任务变化了，我们就应该"改变策略，改变我们调动队伍进行战斗的方式"①。

　　毛泽东认为，世上任何事物都是一分为二的，都有两重性。社会现象也是一样。中间势力就具有非常明显的两重性，它既有一定革命性，又有一定保守性。拿中国的民族资产阶级来说，它既受帝国主义和封建主义的压迫，因而在反对封建主义和帝国主义的斗争中，有革命性的一面，同时又有剥削工人的一面和害怕无产阶级革命的一面。在新民主主义革命过程中，对这样一个两重性阶级，应该实行两重性政策和策略：既联合又斗争。就无产阶级革命的终极目的来说，是要消灭资产阶级和资本主义的，这是原则性，但是由于中国资产阶级在新民主主义革命时期尚有一定革命性，并不是革命对象，所以要对它讲团结，允许资本主义的正当发展，这是灵活性，由于它尚有保守和剥削工人的一面，所以又要对其进行有节制的斗争，这又是原则性。

　　世界上的事物由于其内容矛盾的推动，都是发展变化的，这种发展变化都有个过程。同理，社会主义革命和社会主义建设也只能一步一步地来搞。这也就决定了我们在革命和建设中必须把原则性和灵活性结合起来。

---

　　① 《毛泽东选集》第 1 卷，人民出版社 1991 年版，第 153 页。

毛泽东指出："世界上的事物，因为都是矛盾着的，都是对立统一的，所以，它们的运动、发展，都是波浪式的。"①就事物发展的总趋势来讲，是前进的、上升的。"中国发展的总趋势，也必定要变好，不能变坏。世界是在进步的，前途是光明的，这个历史的总趋势任何人也改变不了。"②但是事物发展所经由的道路却是曲折的，甚至在发展过程中还可能出现暂时倒退。"世界上没有直路，要准备走曲折的路，不要贪便宜。"③这就决定了我们在革命和建设过程中，必须把原则性和灵活性结合起来，无论遇到什么困难和曲折，都要坚持共产主义的远大理想，树立将革命进行到底的信心和决心，不屈不挠，这是原则性；同时，我们也要对前进道路上可能遇到的困难曲折有清醒的认识和足够的估计，并根据实际斗争需要和主客观条件与可能，采取灵活的斗争策略，自觉走曲折的路，有时为了前进甚至要主动地后退，这是实现原则性所必需的灵活性。

---

① 《毛泽东文集》第 7 卷，人民出版社 1999 年版，第 200 页。
② 《毛泽东选集》第 4 卷，人民出版社 1991 年版，第 1163 页。
③ 《毛泽东选集》第 4 卷，人民出版社 1991 年版，第 1163 页。

政策策略的原则性和灵活性

政策策略的原则性，首先，在于它是阶级、国家意志的体现，关系到统治阶级的根本利益。任何政策策略都毫不动摇地体现和表现一定阶级、国家的意志和倾向，毫不动摇地为本阶级的利益服务，并毫不客气地迫使人们去服从它、遵从它。如果政策策略不具有这种原则的坚定性，它就不能很好地体现阶级的意志和为本阶级的利益服务，因而也就失去了其存在的意义和价值。其次，政策策略又是人们社会活动的指导方针和行动的准则，是统一思想和行动的工具，这也要求它必须有坚定的原则性，不能随意制定和变通。否则，人们的行动就会无所适从，出现混乱。再次，政策策略也是党的路线、方针和战略目标得以实现的重要保证。包括无产阶级政党在内的所有政党，都是通过制定和实行一定的政策策略来实现其对国家和人民的领导、干预和控制政府的活动，使之为自己所代表的阶级和人民服务的。政策策略是党领导政府和人民的工具和手段。为了使政党的意志得到始终如一的贯彻，政策策略也必须有坚定的原则性，不能朝令夕改。

政策策略又具有灵活性。这是因为政策策略所指向的对象和所依赖的条件是千差万别和千变万化的。任何政策策略都不能天衣无缝地完全适用于一切对象和一切情况，它只能规定人们社会活动的基本目标和大致方向，这就决定了政策策略必须具有一定的灵活性。首先，从政策策略的对象来看，政策策略虽然是一定阶级和政党根据自己的利益和需要制定出来的，但它却是指向所有社会阶级阶层的。这就要求针对不同的阶级阶层采取不同的政策策略，不能千篇一律。即使同一阶级的不同阶层，他们的情况也不是完全一样的，也不能简单地套用同样的政策策略。另外，社会是不断发展变化的，阶级和阶层的利益与他们的政治态度也是会变化的，这也需要根据他们的变化灵活地变换政策策略，不能一成不变。其次，从政策策略赖以实行的环境条件来看，不同的地区、部门的情况和环境条件千差万别，都有自己矛盾的特殊性，都有不同于其他地区部门的特点，并且，这些条件又是在不断变化发展的，这也决定了政策策略的制定和实行必须具有一定的灵活性，不能千篇一律和永世不变。

在制定政策上坚持原则性和灵活性相结合，首先要求党和国家根据各个时期的基本任务、奋斗目标和总体战略，制定出该时期的基本政策和策略，同时又必须根据该历史时期不同地区、不同阶段、不同条件和不同阶级阶层的不同情况制定出相应的相对灵活的具体政策和策略。党和国家在一定历史时期的基本政策和策略是不会改变的，也不应该改变，各项具体政策策略必须服从和服务于这一基本政策策略，不能与它相抵触和相违背，在这个基本问题上必须保持原则的坚定性，不能有丝毫的偏离和动摇。否则，党在该时期的基本任务和奋斗目标就不能得以实现。另一方面，党和国家的具体政策策略又是可以变化而且是应该根据不同情况加以变化的。因为基本的政策策略只是从总体上规定了党和国家在某一特定历史时期的基本方针和总的原则，不可能完全适用于千差万别和千变万化的具体情况，这就需要在制定出基本的政策策略之后，还要根据各种不同具体情况制定相应的具体政策策略，加强政策策略的适用性、针对性和可操作性，以便具体地指导各地区、各部门、各时期的工作，提高政策策略的实际效果。

在制定政策策略时坚持原则性和灵活性相结合，对党和国家来说还要处理好统一性和多样性的关系，既要保持政策策略的统一性，又不能搞"一刀切"。国家是一个整体，各省、市、地、县是它的有机组成部分。在一个特定时期，党和国家的基本任务的战略目标是一定的，各省、市、地、县的工作都应当服从这一总任务和总目标，不能各自为政，各行其是。只有统一的政策和策略，才会有统一的意志和行动。这就要求党和国家必须有一个统一的意志和行动。这就要求党和国家必须有一个统一的政策策略来规范和指导全国人民的行动。同时，由于各个地区的经济政治和文化发展是不平衡的，情况各不同，又必须有适应不同地区和不同阶段的多样化的具体政策，不能"齐步走"和"一刀切"。这一点在民族地区表现得更为明显。1954年，我国制定了自己的第一部宪法。宪法是国家的根本大法，具有最高的法律效力和权威性，全国一切组织和个人都必须遵守。考虑到我国是一个多民族国家，少数民族与汉族的经济政治文化发展水平有很大不同，所以在一般条文之外，又规定了一些适合于少数民族情况的条文。这就把原则性和灵活性、统一性和多样性恰在此时结合了起来。关于这一点，毛泽东有过明确的论述和说明。他指出："少数民族问题，它有共同性，也有特殊性。共同的就适用共同的条文，特殊的就适用特殊的条文……少数民族地区，'可以按照当地民族的政治、经济和文化的特点，制定自治条例和单行条例'。所有这些，都是原则性和灵活性的结合。"①

　　坚持原则性和灵活性相结合，对地区和部门来说，就是在确定本地区、本部门战略目标和工作部署时，既

---

　　① 《毛泽东文集》第6卷，人民出版社1999年版，第327页。

要严格坚持党和国家规定和路线方针政策，同时也要根据本地区本部门的具体实际灵活地制定和实行一些具体的政策和策略，以便更好地适应自己的特点，发挥自己在资源、人才、技术等方面的优势，加快本地区、本部门的发展。但是，这些适合本地区、本部门实际的具体政策在原则上和精神实质上又不能和中央的基本政策策略相抵触。否则，就不再是适当的灵活性，而是分散主义、地方主义和部门主义了。

制定政策策略要原则性和灵活性相结合，执行政策策略也要原则性和灵活性相结合。一般说来，党和国家的方针、政策和策略都是为了解决一定历史条件下的某些问题而制定的，反映了事物发展的客观规律和现实要求，是适合于全国的总体情况的。所以，在执行党和国家的各项基本方针政策时，必须有很强的原则性，在精神实质上要忠实于政策要求，不能打折扣，不能改变政策策略的基本精神，更不能背离政策策略的基本精神搞"上有政策，下有对策"。如果随意变通政策策略，各取所需，为我所用，就会使政策目标偏离原有轨道，不能达到预期目的和效果。所以毛泽东要求，各地区、各部门和下级单位对于中央制定的政策策略必须全部遵守，认真执行。如果有不适合当地情况的部分，可以和应当提出修改意见，但必须取得中央同意，方能修改。不能借口情况特殊或工作繁忙，"擅自修改中央的或上级党委的政策和策略，执行他们自以为是的违背统一意志和统一纪律的极端有害的政策和策略"①。在贯彻执行中央和上级领导机关的政策策略时，各级党政机关和全体党员干部特别是领导干部，必须具有原则性，自觉维护政策的权威。凡是有政策规定的，就不能自行其是，不能合意的就执行，不合意的就不执行；不能对自己有利的就执行，对自己无利的就不执行或消极应付。凡是政策未明确规定的，要在吃透政策精神和本地、本部门情况的前提下提出自己的意见并报上级批准以后方可执行。毛泽东非常重视在制定和执行政策策略过程中发挥主体能动性。他指出："不根据实际情况进行讨论和审察，一味盲目执行，这种单纯建立在'上级'观念上的形式主义的态度是很不对的。"②刘少奇也指出：执行政策"要注意因地制宜，要有主动性，要有能动性，不能只是把这些政策照搬到底下去就完事了。这种主动性、能动性，不是否定中央的政策，而是为了更好地、更正确地执行中央的政策"③。

---

① 《毛泽东选集》第 4 卷，人民出版社 1991 年版，第 1332 页。
② 《毛泽东选集》第 1 卷，人民出版社 1991 年版，第 111 页。
③ 《刘少奇选集》下卷，人民出版社 1985 年版，第 456 页。

既要善于斗争又要善于妥协

原则性和灵活性相结合，表现在对敌斗争方面，就是既要善于斗争，又要善于妥协。在对敌斗争中，敢于和敌人针锋相对，不放弃自己的原则和立场，这是原则性。从根本上讲，敌我之间势不两立，不可调和，斗争是绝对的和必然的。但是，社会是复杂的，形势是多变的，无产阶级斗争有高潮，也有低潮。在千变万化的政治形势和复杂曲折的斗争面前，无产阶级政党如果只采取一种一成不变的斗争策略，只会运用一种斗争形式，或者只是在一条战线上对敌斗争，就不可能很好地开展对敌斗争和应付各种突然事变，因而也不可能达到革命的目的。

善于对敌斗争首先表现在能够审时度势，正确地组织进攻和退却。1927年大革命失败后，革命处于低潮期，为了反抗国民党对革命势力的武装镇压和屠杀政策，党组织领导了南昌起义、秋收起义、广州起义和各地百余次武装起义，这是非常必要的。但是在当时敌我力量十分悬殊的情况下，进攻敌人有重兵把守的大城市则是错误的，共产国际代表纽曼甚至认为"起义应该是进攻再进攻"，谁主张退却就是政治动摇。而毛泽东、周恩来、朱德等起义领导人在起义受挫后毅然放弃进攻大城市而转为战略退却，这种退却，是为了前进而进行的必要退却。与此相适应，毛泽东在军事战略策略上采取了积极防御的战略方针。他指出，在敌我力量悬殊的情况下，中国的内战是以"围剿"和反"围剿"形式反复出现的，这决定了我们在全局上只能实行战略防御，而不是战略进攻；而作战形式上，只能采取游击战和带游击性的运动战，而不能实行正规战、阵地战。在强敌进攻时，我先实行退却，诱敌深入，尔后选择敌人的弱点，集中优势兵力，各个击破。这就把进攻和防御有机统一起来了。

革命形势是经常变化的，社会大变革年代尤其如此。这就要求无产阶级政党必须适应形势和斗争的需要，相应地变换自己的斗争策略，不能用一个一成不变的策略去应付千变万化的复杂情况。抗日战争时期，根据抗日斗争的需要，党将没收富农多余土地的政策改为减租减息和保护、鼓励富农资本主义性质的生产的政策。解放战争时期，虽然富农有着倾向地主阶级和蒋介石，反对土地革命和解放战争的一面，但他们毕竟和地主阶级不同，另外解放战争也需要农民出人、出钱来支援。据此，党对富农没有采取没收土地的政策，而是采取征其多余土地和财产的政策。新中国成立初期，毛泽东又提出"不要四面出击"的策略，将战争时期对富农的政策改为"保护富农经济"的政策。在生产资料所有制改造中，根据消灭封建经济的需要，党又将"保护富农经济"的政策改为消灭富农的政策。这些策略上的灵活变化，保证了各历史时期党的各项任务的顺利完成。

是否善于识别反革命的两手策略，并与之进行针锋相对的斗争，是革命政党是否成熟的标志之一。毛泽东指出："军事镇压和政治欺骗，是蒋介石维持自己反动统治的两个主要工具"[①]。第一次国内革命战争时期，蒋介石一方面与共产党合作进行北伐战争，一方面又对共产党采取限制政策，而当工农革命运动蓬勃兴起、威胁到蒋介石集团的根本利益时，他就对共产党采取了残酷的屠杀政策。第二次国内革命战争后期，在日本大举进攻中国，中华民族处于存亡关头，党不计前嫌，力倡第二次国共合作和建立抗日民族统一战线。蒋介石企图借抗日统一战线之名，"吃"掉共产党和红军，达到其在十年内战时期使用武力没有得逞的目的。在几次谈判中，蒋介石坚持要收编红军或压缩红军，要毛泽东和朱德离开党和红军"出洋"，坚持实行"一个政党、一个政府、一个领袖"。以毛泽东为首的中国共产党人戳穿了他的阴谋诡计，与他进行了坚决斗争，坚持了党和红

---

① 《毛泽东选集》第4卷，人民出版社1991年版，第1226页。

军在抗日民族统一战线中的独立自主地位，决不交枪交权，从而保证了革命进步势力在抗日民族统一战线中的主导地位和我党的主动权。在抗日战争过程中，蒋介石又继续玩弄其反革命两手策略，多次掀起反共高潮，失败后又再次玩弄和谈把戏。我党则针锋相对，以打对打，以谈对谈，一次次挫败了他的阴谋。抗日战争胜利后，蒋介石于 1945 年 8 月 14、20、23 日连续三次电邀毛泽东赴重庆进行和平谈判。其目的在于，如果毛泽东去了，他就利用谈判争取时间加紧准备反革命内战；如果毛泽东不去，他就可以大肆宣扬共产党没有和平诚意，师出有名地发动反革命内战。毛泽东清楚地知道，蒋介石对和平谈判根本没有诚意，他只不过是在玩政治游戏。在政治上，毛泽东从来没有输给过蒋介石，这次自然也不会。针对蒋介石的反革命两手，毛泽东采取了革命的两手策略也紧紧抓住和平谈判这张牌与蒋介石进行斗争。蒋介石本来不希望毛泽东去重庆，但毛泽东偏偏去了，这就使得他转嫁内战责任到共产党头上的阴谋破了产，在政治上处于非常被动的地位。

毛泽东认为，在对敌斗争中，必须将战略问题和策略问题区别开来。在战略上，我们必须对敌人进行持久不懈的坚决斗争，这是不容动摇的。但是在策略上，就是要讲究斗争的方式和方法，"要善于斗争，又善于妥协"。第一次国内革命战争后期，陈独秀对蒋介石的"限共"政策采取妥协忍让的态度，放弃共产党在统一战线中的独立自主和对革命的领导权，就是属于这种情况。毛泽东认为，"纯消极的让步是有过的"[①]。所谓积极的妥协，就是为了达到某种革命目的而实行的有原则的妥协和让步，是有所不为而后可以有为，是为了更好的一跃而后退。从表面上看，从当下看，这是一种妥协，但是从实质上看，从目的上看，这是一种前进，是整个革命政策策略的一个不可缺少的部分和环节，是为了实现革命目的所采取的一种暂时的手段，因而是积极的妥协。二者的区别在于：前者是无原则的妥协，后者是有原则的妥协；前者是放弃斗争的妥协，后者则是整个革命斗争的一环。毛泽东指出："我们的让步、退守、防御或停顿，不论是向同盟者或向敌人，都是当作整个革命政策的一部分看的，是联系于总的革命路线而当作不可缺少的一环看的，是当作曲线运动的一个片断看的。一句话，是积极的。"[②]中国共产党在领导新民主主义革命过程中，曾经对蒋介石集团作过几次大的妥协，这些妥协都是积极的、有原则的。1937 年，为了实现全国抗战，

---

① 《毛泽东选集》第 2 卷，人民出版社 1991 年版，第 538 页。
② 《毛泽东选集》第 2 卷，人民出版社 1991 年版，第 538 页。

建立广泛的抗日民族统一战线，党自动取消了工农革命政府的名称，红军改名为国民革命军，把没收地主土地的政策改为减租减息政策。"因为只有如此，才能根据民族矛盾和国内矛盾在政治比重上的变化而改变国内两个政权敌对的状态，团结一致，共同赴敌。"[①] 在重庆谈判中，为了击破国民党的内战阴谋，争取国内外广大中间分子的同情，我们党也对国民党作过一些让步：让出南方八个解放区，将我们的军队缩编到20—24个师，占全国军队的七分之一。这种让步是必要的，因为无此让步，不能击破国民党的内战阴谋，不能取得政治上的主动地位，不能取得国际舆论和国内中间派的同情，不能换得党的合法地位与和平局面。

积极的让步是有原则、有限度的，不是无原则、无限度的消极忍让。这个限度就是革命的原则性。积极的让步不能违背革命的原则，不能偏离党在各个时期的基本奋斗目标。抗日战争时期，党对国民党的让步，是由"全民族需要的和平、民主和抗战"决定的，和平、民主、抗战是我们的基本原则，对国民党的适当让步是在坚持这一基本原则下进行的，并以这一原则的保持为限度。"在特区和红军中共产党领导的保持，在国共两党

---

① 《毛泽东选集》第1卷，人民出版社1991年版，第258页。

关系上共产党的独立性和批评自由的保持，这就是让步的限度，超过这种限度是不许可的。"① 解放战争初期党对国民党让步的基本原则，是实现"和平、民主、团结"和维护人民的基本利益，让步以不破坏这一原则为限度。毛泽东指出："我们的方针是保护人民的基本利益。在不损害人民基本利益的原则下，容许作一些让步，用这些让步去换得全国人民需要的和平和民主。"②"不损害人民利益"就是这种让步的限度。为了实现和平、民主、团结，我们可以让出一部分解放区和缩编军队，但是"人民的武装，一枝枪、一粒子弹，都要保存，不能交出去"③。因为在一贯反共反人民的蒋介石面前放弃自己的武装无异于缴械投降，这与我党我军和全国人民的利益是相背离的，因而是绝对不允许的。

① 《毛泽东选集》第 1 卷，人民出版社 1991 年版，第 258 页。
② 《毛泽东选集》第 4 卷，人民出版社 1991 年版，第 1160 页。
③ 《毛泽东选集》第 4 卷，人民出版社 1991 年版，第 1161 页。

十、"有了问题就开会"

　　毛泽东非常注重利用会议这种形式来解决问题。在日常工作中，"有了问题就开会，摆到桌面上来讨论，规定它几条，问题就解决了"①。

　　在中国革命的许多危急关头，毛泽东正是通过开会这样的方式来解决一些关键问题的。1934年12月，红军长征开始后，湘江一战，虽然突破了敌人的封锁线，跳出了包围圈，使蒋介石消灭红军于湘江东岸的计划失败，但是红军自身也付出了沉重的代价，由出发时的8.6万多人，锐减到3万多人。这时候，蒋介石已经觉察到中央红军的战略意图，在红军北上的路上布置了四道封锁线。博古、李德仍旧要按照原定计划北上。在这个危急关头，毛泽东向中央政治局提议，

---

　　① 《毛泽东选集》第4卷，人民出版社1991年版，第1340—1341页。

部队应该放弃原定计划，改变战略行动方向。在这样的情况下，1934 年 12 月 12 日，中共中央负责人在通道城恭城书院举行临时紧急会议。在会上，毛泽东建议改向敌军力量薄弱的贵州西进。毛泽东的正确主张得到了大家的认可。会议根据大多数人的意见，通过了西进贵州的主张。

通道会议之后，红军主力西进，在 1934 年 12 月 15 日攻占贵州黎平，但是北上还是西进的争论并没有结束。18 日，毛泽东在黎平出席中共中央政治局会议，会议继续讨论红军战略行动方向问题。毛泽东主张继续向贵州西北进军，在川黔边敌军力量薄弱的地区建立新的根据地。会议经过激烈争论，接受毛泽东的意见，并通过根据他发言写成的《中央政治局关于战略方针之决定》。明确指出："鉴于目前所形成之情况，政治局认为过去在湘西创立新的苏维埃根据地的决定在目前已经是不可能的，并且是不适宜的。""政治局认为新的根据地区应该是川黔边区地区，在最初应以遵义为中心之地区，在不利的条件下应该转移至遵义西北地区"。① 通过这次会议，中央红军赢得了主动，挥戈西指，不仅打

---

① 《中共中央文件选集》第 10 册，中共中央党校出版社 1991 年版，第 441、442 页。

乱了国民党军队的原有部署，而且连战连捷，部队面貌
为之一新。

之后，在1935年元旦召开的猴场会议，毛泽东重
申红军应在川黔边地区先以遵义地区为中心建立新的根
据地的主张。多数与会者赞同这个意见，再次否定李
德、博古提出的"完全可以在乌江南岸建立一个临时根
据地，再徐图进军湘西，与红二、六军团会合"的错误
主张，决定红军立刻抢渡乌江、攻占遵义。会议通过
的《中央政治局关于渡江后新的行动方针的决定》指
出，主力红军渡过乌江后，"主要的是和蒋介石主力部
队（如薛岳的第二兵团或其他部队）作战，首先消灭他
的一部，来彻底粉碎五次'围剿'，建立川黔边新苏区
根据地。首先以遵义为中心的黔北地区，然后向川南发
展，是目前最中心的任务"①。

1935年1月2日至6日，中央红军全部渡过乌江，
向以遵义为中心的黔北地区挺进。1月15日至17日，
党在遵义城红军总司令部召开中共中央政治局扩大会
议。会议由博古主持，并作了关于第五次反"围剿"的
总结报告。他对军事指挥上的错误作了一些检讨，但主

① 《建党以来重要文献选编（1921—1949）》第12册，中央文献出版社2011年版，第1页。

要还是强调种种客观原因。周恩来作副报告，提出第五次反"围剿"失利主要原因是军事领导的错误，并主动承担了责任。随后，由张闻天代表他和毛泽东、王稼祥作联合发言，尖锐地批评"左"倾军事路线。接着，毛泽东作了长篇发言。他指出，导致第五次反"围剿"失败和大转移严重损失的原因，主要是军事上的单纯防御路线，表现为进攻时的冒险主义，防御时的保守主义，突围时的逃跑主义。他还以前几次反"围剿"在敌强我弱情况下取得胜利的事实，批驳了博古用敌强我弱等客观原因来为第五次反"围剿"失败作辩护的借口。遵义会议在中国革命最危急的关头，根据民主集中制的原则，独立自主地解决了党中央的组织问题，结束了王明"左"倾教条主义在中央长达四年之久的统治，确立了毛泽东在党中央和红军中的领导地位，"走自己的路"，从而挽救了党挽救了红军。

　　毛泽东正是通过开会这样的方式，解决了关系党和红军生死存亡的一系列问题，从而扭转了中国革命的整个局势，中国革命从此走上了正途。

　　开会要事先通知，像出安民告示一样，让大家知道要讨论什么问题，解决什么问题，并且早做准备。"在会议之前，对于复杂的和有分歧意见的重要问题，又须有个人商谈，使委员们有思想准备，以免会议决定流于形式或不能做出决定。"① 有些地方开干部会，事前不准备好报告和决议草案，等开会的人到了才临时凑合，好像"兵马已到，粮草未备"，这是不好的。"开会的方法应当是材料和观点的统一。"② 如果没有准备，就不要急于开会，否则会议的效果会不理想。

中共七大的召开，经过了长期的充分准备。从1928年党的六大召开到1945年，其间整整相隔了17年。1931年1月，党的六届四中全会即提出要召开七大，并把总结苏维埃运动经验、通过党纲等作为七大的主要任务。但由于国民党军队连续大规模地"围剿"红军和根据地，致使七大未能召开。1937年12月，中共中央政治局决定近期召开七大，并成立以毛泽东为主席的准备委员会，负责大会的筹备工作。1938年3月，中央政治局会议讨论了召开七大的问题。11月，党的六届六中全会再次通过决议，指出七大的中心任务是讨论坚持抗战、争取和保证抗战的最后胜利等问题。1941年和1943年，中共中央两次讨论召开中共七大的问题，但因战争环境和其他条件不成熟，七大的召开继续延期。

---

① 《毛泽东选集》第4卷，人民出版社1991年版，第1341页。
② 《毛泽东文集》第7卷，人民出版社1999年版，第356页。

在这个过程中，经过艰难曲折，党的力量有了很大的发展，毛泽东在抗战期间以及在此之前撰写的大量文章和中共中央发布的许多文件，已经对党的历史经验从各个方面进行了总结。特别是以毛泽东为核心的中央领导集体的形成和延安整风运动的成功，使全党的思想、政治和组织状况都发生了根本性的变化。这些都为七大的召开创造了良好的条件。特别是党的六届七中全会的召开和《关于若干历史问题的决议》的通过，增强了全党在毛泽东思想基础上的团结，为七大的胜利召开创造了充分的思想条件。

《关于若干历史问题的决议》总结了建党以来，特别是六届四中全会至遵义会议前这一段党的历史及其基本经验教训，高度评价了毛泽东运用马克思列宁主义基本原理解决中国革命问题的杰出贡献，肯定了确立毛泽东在全党的领导地位的重大意义。同时，它全面详尽地阐述了历次"左"倾错误在政治、军事、组织、思想方面的表现和造成的严重危害，并着重分析了产生错误的社会根源和思想根源。在总结开展党内思想斗争的经验时，它强调要坚持"惩前毖后，治病救人"，"既要弄清楚思想，又要团结同志"的方针。

党的七大是中国共产党在新民主主义革命时期极其重要的一次，也是最后一次代表大会，它以"团结的大会、胜利的大会"而载入史册。七大之所以能够取得如此大的成就，和七大召开之前多年的充分准备有着直接的关系。

此外，毛泽东提倡开会时不要照本宣科，要充分发挥参会人员的作用。"先把报告草稿发下去，请到会的人提意见，加以修改，然后再作报告。报告的时候不是照着本子念，而是讲一些补充意见，作一些解释。这样，就更能充分地发扬民主，集中各方面的智慧，对各种不同的看法有所比较，会也开得活泼一些。"①

毛泽东自身是这样做的，他也要求别人这样做。新中国成立后，为了进一步搞好社会主义建设，毛泽东有个著名的《论十大关系》的报告。在听取各个部门汇报的过程中，毛泽东就明确反对照本宣科，并且在听取汇报的过程中不断插话，表达自己的一些意见。

例如，1956年2月15日，毛泽东听取了电力工业部等的汇报。中间毛泽东着重谈了一长制问题。他说：你们为什么对一长制那么有兴趣？党委领导就不好？党委的集体领导无论如何不会妨害一长制。可以找两个厂子分别试验一下看，一个是一长制，一个是党委集体领导制，看后者是不是就一定搞得那么坏。你们讲一长制

---

① 《毛泽东文集》第8卷，人民出版社1999年版，第290页。

这一段，依靠党的领导只有八个字。把党的领导问题同依靠群众、精通业务等问题并列，这种提法不妥。苏联有些东西就不能学，内政部可以不受党的领导，这样一个武器不受党的领导，那还得了！一个工厂几千人，很不容易搞好，没有党的领导，很容易形成一长独裁。任何情况下，党的集体领导这个原则不能废除，如果企业可以除外，那党的集体领导原则就变成了有头有肚子没有脚。

2月25日，他听重工业部汇报。讲到发展速度问题时，毛泽东说：我国建设能否超过苏联头几个五年计划的速度？我看是可以赶上的，工业也可以超过。中国有两条好处，一曰穷，二曰白，一点负担没有。美国在华盛顿时代，也是白，所以发展起来是很快的。要打破迷信，不管中国的迷信，外国的迷信。我们的后代也要打破对我们的迷信。我国工业化，工业建设，完全应该比苏联少走弯路。我们不应该被苏联前几个五年计划的发展速度所束缚。我们有可能超过它，理由有四：国际条件不同；国内条件不同；技术水平不同；中国人口多，农业发展快。同样，即使在技术发展方面，在现代技术发展方面，也可以超过苏联，有社会主义的积极性，有群众路线，少搞官僚主义。我们有群众工作的传统，有群众路线，这是我们的好处。

当时周恩来总理也在座听汇报，他插话说：党开始几年学他们是必要的。经过这两三年，我们也有些经验了，就应该总结总结。毛泽东接着说，加上他们揭盖子啦，我们开始有些把握，不要迷信咧。毛泽东所说的揭盖子，是指苏共二十大批评了对斯大林的个人崇拜。

周恩来还讲要派人到资本主义国家去学技术，毛泽东很赞成。他说，不论美国、法国、瑞士、挪威，只要他们要我们的学生，我们就派去。周恩来强调，把各国经验都学过来，要有这个气魄。

在听取汇报的过程中，这样的例子不少。《论十大关系》的内容十分丰富，至今仍有一定的指导意义，除了各个部门的认真调研之外，还得益于毛泽东在开会听取汇报的时候能够不断加进去自己的意见，使得报告的内容得到丰富完善。

"每次会议时间不可太长，会议次数不可太频繁，不可沉溺于细小问题的讨论，以免妨碍工作。"此间，"讲话、演说、写文章和写决议案，都应当简明扼要。"①"凡是看不懂的文件，禁止拿出来"②。"每次会

---

① 《毛泽东选集》第4卷，人民出版社1991年版，第1341、1443页。

② 《建国以来毛泽东文稿》第8册，中央文献出版社1993年版，第196页。

有一个主题，其他问题也吹一下。开会的时候吹吹闲话，引起兴趣，接触问题。"① 这也是毛泽东开会的一贯做法。毛泽东这种做法在党的历史上产生了深远的影响。邓小平作为党的第一代中央领导集体的重要成员和党的第二代中央领导集体的核心，就受到毛泽东的深刻影响。

在如何开会讲话这个问题上，邓小平后来说："毛主席不开长会，文章短而精，讲话也很精练。周总理四届人大的报告，毛主席指定我负责起草，要求不得超过五千字，我完成了任务。五千字，不是也很管用吗?"② 改革开放之初，百业待兴，但"文革"遗留下来的开长会，讲空话、套话、长话风气却严重影响工作效率，引起人们的反感。陈云曾经气愤地说："开会不要开死人。"③1980 年 1 月，胡乔木也给邓小平写信，希望他能在中央全会上就集体办公和改变冗长会议问题讲一讲。1980 年 2 月 29 日，在党的十一届五中全会第三次会议上，邓小平说了这样一段话："开会要开小会，开短会，不开无准备的会。会上讲短话，话不离题。议这

---

① 《1955 年毛泽东在部分省委书记会议上的讲话》，《党的文献》2013 年第 5 期。

② 《邓小平文选》第 3 卷，人民出版社 1993 年版，第 382 页。

③ 《陈云文选》第 3 卷，人民出版社 1995 年版，第 377 页。

个问题，你就对这个问题发表意见，赞成或反对，讲理由，扼要一点；没有话就把嘴巴一闭。不开空话连篇的会，不发离题万里的议论。即使开短会、集体办公，如果一件事情老是议过去议过来，那也不得了。总之，开会、讲话都要解决问题。"① 这段寓意深刻的话，在当时有着很强的现实针对性。

1981 年 11 月 5 日，中共全国政协机关党组向邓小平报送了《关于政协第五届全国委员会第四次会议会务工作几个问题的请示报告》，并请他致开幕词。邓小平批示："不致开幕词，因为没有必要，无话可讲，但我可主持会议。"②1982 年 10 月 27 日，中共全国政协机关党组再次请邓小平出席全国政协五届五次会议并讲话，邓小平仍然这样批示："没有新的话要讲。闭幕时我出席，但不讲话。"③

邓小平讲话，一般不用事先准备稿子，只有在一些重要场合，一些重大问题需要进行深入阐述时才由别人帮助起草稿子。即使这样，他也总是要求起草人要从政

---

① 《邓小平文选》第 2 卷，人民出版社 1994 年版，第 283 页。

② 《邓小平年谱（一九七五——一九九七）》下卷，中央文献出版社 2004 年版，第 782 页。

③ 《邓小平年谱（一九七五——一九九七）》下卷，中央文献出版社 2004 年版，第 865 页。

治角度看问题，要能抓住要害，文字不能太多，而且都是自己先写出简明的提纲。比如 1978 年 12 月 13 日，在中央工作会议闭幕会上的那篇著名的《解放思想，实事求是，团结一致向前看》报告，他自己写的提纲只有四页纸，但要讲的问题，要突出的观点都有了。1979 年 3 月 27 日，为了准备在党的理论工作务虚会上的讲话，他专门把胡乔木等同志请到家里，谈稿子的起草问题。看了已经起草的稿子，他说：现在文字太多，枝叶太多，比较平淡，吸引力不够。现在要强调的只是几个问题，语言太多，把要突出的问题冲淡了。这篇讲话是政治性的讲话，不需要讲很多理论的话。邓小平的这段话比较典型地反映了他对讲话稿的要求。

此外，党的委员会又须分为常委会和全体会两种，不可混在一起。同时，要大型、中型和小型会议相结合。这三种会议一般指的是群众大会、干部大会和领导班子会，把工作干好就得学会开这些会。"小型会议最好商量问题，我对小型会议很有兴趣，时间不长，就地召开，这种形式最好。"①

党的决策要开会，政策的执行也要开会，开会是中

---

① 《1958 年 1 月毛泽东在南宁会议上的讲话》，《党的文献》2013 年第 5 期。

国共产党日常的基本的一种工作方法。毛泽东之所以不厌其详地讲如何开会，主要是让人明白，开会必须解决问题，必须有实效，而不能只走形式。在实际工作中，既要反对决策时把党委会变成一言堂，更要反对执行时以会议落实会议。其最大的功效，就是能够把内部充分动员起来，为一个明确的目标而奋斗。

中国共产党的任何一级干部，都处于党的各级组织即党的委员会中。因此，领导干部开展工作大都是通过党委会进行的。任何一个领导都处在一个系统中，领导者进行工作必须学会运用组织、系统，及在组织、系统中进行工作。从这一点上说，党委会的工作方法仍然具有非常重要的现实意义，值得党的每个领导干部牢记于心。在任何工作中，只要把这些方法运用好，我们就会多成绩，少失误！

十一、在游泳中学会游泳

当前，中国正进入改革深水区，遇到的困难较之以往更多更难。急流险滩，在所难免。中国共产党面临着"四大考验"和"四大危险"。如何经受考验，化险为夷，顺利实现"两个一百年"奋斗目标，是摆在中国共产党面前的重大课题。重温历史，探寻实践的智慧无疑是一种理性的考量和明智的选择。在游泳中学会游泳正是这种智慧的表述。在游泳中学会游泳，不仅是一个怎么学游泳的问题，而且是一个学风问题，更是一个重大的哲学问题，其意旨与在战争中学习战争相同，与摸着石头过河亦有殊途同归之妙。

毛泽东的实践智慧

毛泽东从小与水结缘，特别喜欢在江河湖海里游泳，及至晚年，依然喜欢游泳。他不仅是现实生活中的游泳健将，也是在学海里遨游的高手，更是从哲学高度看问题、处理问题的智慧大师。

在现实生活中，毛泽东是实实在在的游泳健将，这是毋庸置疑的。早在少年时代，他就会游泳。在湖南一师读书时，毛泽东经常和朋友去湘江游泳，他把游泳作为一种锻炼身体的方法。也就是在这期间，他写出了"自信人生二百年，会当水击三千里"的佳句。1925年，投身革命的毛泽东在湘江边上，兴致豪迈，吟出了"到中流击水，浪遏飞舟"的革命诗篇。显然，若无切身的游泳经历，断难写出如此大气的诗句。1956年6月，毛泽东以63岁高龄横渡长江，英气不减，一首《水调歌头·游泳》，不仅道出了他心中的愿景，而且写尽了一个革命家的博大胸襟与睥睨万世的豪情——"万里长江横渡，极目楚天舒。不管风吹浪打，胜似闲庭信步，今日得宽余。"

作为一个游泳健将，对于游泳毛泽东有自己的体会。在一次游泳时，有人向他请教游泳的经验，毛泽东回答说："游泳没有什么诀窍，要勇敢些，多练习，就定能够学会。喝两口水不要紧，重要的是要坚持。"① 此话听起来轻描淡写，但却是学习游泳的不二法门。试问

---

① 《红色警卫》下，湖南人民出版社2011年版，第249页。

不下水游泳，又怎能学会游泳？中国有句古话，"不入虎穴，焉得虎子"，正是这个道理。我们学游泳，不是学会了再下水，而是在游泳中学会游泳。

"纸上得来终觉浅，绝知此事要躬行。"学游泳要下水，读书学习要实践。光说不练假把式，只读书不实践，再好的蓝图也无法实现，不仅如此，还有极大的危险。

毛泽东是将学习与实践完美结合的典范。1913 年，毛泽东在《讲堂录》中写道："闭门求学，其学无用。欲从天下国家万事万物而学之，则汗漫九垓，遍游四宇尚已。"他还感叹道："游之为益大矣哉！"① 就是既读有字之书，又读无字之书。所谓读无字之书，就是社会实践。1917 年暑假，他和萧子升以游学方式，游历了湖南长沙、宁乡、益阳、沅江、安乡五县农村；1918 年春，他又和蔡和森到湖南益阳、沅江、岳阳、汉寿等县农村进行半个多月的实地考察。通过这种独特的学习方式，他深入社会实践，了解社会生活，与不同的人打交道，掌握了大量的第一手资料，对社会实际有了较一般知识分子更多的了解，为投身革命后进行社会调查并写出精彩的调查报告打下了基础，为切实践行理论联系实

---

① 《毛泽东早期文稿》，湖南人民出版社 1995 年版，第 587 页。

际、实事求是打下了基础。

投身革命后，毛泽东继续保持了理论联系实际的好学风。针对中国革命战争的情况，毛泽东表示要学习研究中国革命战争的战略问题，不仅要学，还要会用。他说："学习不是容易的事情，使用更加不容易。战争的学问拿在讲堂上，或在书本中，很多人尽管讲得一样头头是道，打起仗来却有胜负之分。战争史和我们自己的战争生活，都证明了这一点。"[1] 为什么会出现这种情况，毛泽东解释道："主观的指导和客观的实在情况不相符合，不对头，或者叫做没有解决主观和客观之间的矛盾"[2]，即犯了主观主义的错误。

那么如何避免或者少犯主观主义的错误，避免出现纸上谈兵的现象？毛泽东说："读书是学习，使用也是学习，而且是更重要的学习。从战争学习战争——这是我们的主要方法。没有进学校机会的人，仍然可以学习战争，就是从战争中学习。革命战争是民众的事，常常不是先学好了再干，而是干起来再学习，干就是学习。"[3] 同时，他进一步指出："说学习和使用不容易，是说学得彻底，用得纯熟不容易。说老百姓很快可

---

① 《毛泽东选集》第 1 卷，人民出版社 1991 年版，第 178 页。

② 《毛泽东选集》第 1 卷，人民出版社 1991 年版，第 179 页。

③ 《毛泽东选集》第 1 卷，人民出版社 1991 年版，第 181 页。

以变成军人，是说此门并不难入。把二者总合起来，用得着中国一句老话：'世上无难事，只怕有心人。'入门既不难，深造也是办得到的，只要有心，只要善于学习罢了。"① 在这里，毛泽东把学习与使用的关系讲得十分透彻，而使用就是实践，也即是说实践是比学习更为重要的事情。

与同时期的革命家相比，毛泽东的过人之处在于能够很快地把实践的经验上升到理论的高度，解决了一些重大理论问题。

大革命时期，为了回应党内党外对农民革命斗争的责难，毛泽东到湖南做了 32 天的调查之后得出结论，即农民运动好得很。大革命失败后，中共中央在汉口召开八七会议，毛泽东在会上指出，大革命失败的一个重要原因是党忽略了武装斗争。他强调，以后要非常注意军事，须知政权是由枪杆子中取得的。秋收起义后，毛泽东带领队伍上了井冈山，并于次年 2 月初步建立了井冈山革命根据地。毛泽东先后写出了《中国的红色政权为什么能够存在?》《井冈山的斗争》《星星之火，可以燎原》等文章，分析了中国红色政权存在的原因，指明了革命的方向，即实行工农武装割据，以农村包围城

---

① 《毛泽东选集》第 1 卷，人民出版社 1991 年版，第 181 页。

市，最后夺取全国政权的道路；向党中央建议"用大力做军事运动"；打消了党内军内的消极思想，对武装夺取政权道路做了探索，初步形成了中国特色的革命道路理论。1936 年 12 月，毛泽东写出了《中国革命战争的战略问题》，在这篇文章中，他总结了土地革命战争的经验，批评了王明"左"的错误，阐述了有关中国革命战争战略方面的诸问题。

1937 年，毛泽东写出了著名的《实践论》和《矛盾论》。在《实践论》里，毛泽东系统地批驳了主观主义，特别是教条主义的错误，极大地丰富发展了马克思主义认识论的哲学内涵。《矛盾论》从两种对立的宇宙观入手，阐述了矛盾的普遍性与特殊性、主要矛盾和矛盾的主要方面、矛盾的统一性和斗争性以及对抗在矛盾中的地位等内容，深刻地阐发了对立统一规律，为人们分析和解决问题提供了哲学依据和方法论指导。这对于纠正和防止教条主义与经验主义的倾向，具有积极意义，为马克思主义中国化奠定了哲学基础。1938 年 5 月，毛泽东写出了《论持久战》，批评了党内外存在的"亡国论"和"速胜论"的错误思想，科学地预测了中国抗日战争的三个阶段，指出抗日战争的胜利属于中国。《论持久战》在党内外、国内外引起了广泛关注与重视。1940年 1 月，毛泽东写出了《新民主主义论》，深刻阐述了中国革命的发展规律，系统提出了新民主主义的完整理论，标志着毛泽东思想的成熟。正如1981年《关于建国以来党的若干历史问题的决议》所指出的，"毛泽东思想是马克思列宁主义在中国的运用和发展，是被实践证明了的关于中国革命的正确的理论原则和经验总结，是中国共产党集体智慧的结晶。"

凝聚实践智慧的四大表现

中国共产党在战争中学习战争，"土八路"打败了蒋介石的正规军。被人称为军事天才的毛泽东，没上过一天军事学校。不仅如此，连他自己都说打仗不是他的夙愿，是在迫不得已的情况下学会的。1965年3月，他在会见叙利亚客人时坦率地说："像我这样的一个人，从前并不会打仗，甚至连想也没有想到过要打仗，可是帝国主义的走狗强迫我拿起武器。"[①] 从拿起武器到夺取全中国革命的胜利，再到建设新中国，回顾毛泽东曲折而光辉的人生历程，我们不难发现其智慧有赖于充分发挥主观能动性，具体表现在以下四个方面。

①《毛泽东外交文选》，中央文献出版社、世界知识出版社1994年版，第564—565页。

　　胆子要大，敢闯敢干。毛泽东诗曰："世上无难事，只要肯登攀。"面对一个不熟悉的领域，只有大胆去探索，去克服，别无他法；遇到险恶的环境，只有勇敢面对，去斗争，亦无他法。在革命年代，中国共产党不懂战争，就是抱着这样一种学习法，大胆地试、大胆地闯，在战争中学习战争，从事艰苦的革命事业。鲁迅先生说："第一个吃螃蟹的人是很令人佩服的，不是勇士谁敢去吃它呢？"1927年，毛泽东带领部队上井冈山，开辟井冈山革命根据地，就做了一个"吃螃蟹的人"。在此之前，俄国革命的经验是走先夺取城市再解放农村的道路，毛泽东反其道而行之，这是需要巨大的勇气的。

　　在新中国成立后，中国共产党在全国执政，进行全面的建设工作，这是中国共产党人从未做过的事情，是一项全新的工作。中国共产党人以极大的理论和实践勇气开始了新的征程。国民经济恢复、三大改造完成、社会主义制度建立，中国共产党交出了一份完美的答卷。而顶住苏联军事威胁，坚定地进行社会主义建设，更是凸显了毛泽东作为国家领袖的担当与勇气。正如他在《八连颂》中所写："不怕压，不怕迫。不怕刀，不怕戟。不怕鬼，不怕魅。不怕帝，不怕贼。"任它"乱云飞渡"，毛泽东依旧"从容"。

　　坚定信念，矢志不渝。毛泽东回忆说，在第二次去北京后，他的思想发生了变化，接受了马克思主义，成为了一个彻底的马克思主义者，自此以后再未动摇过。1921 年建党，毛泽东成为建党人之一，这是对于马克思主义信仰的践行。在接下来的时间里，毛泽东用毕生的心血践行马克思主义信仰，即使自己险些被害、家人遇难，他都没有动摇过。

　　1927 年，毛泽东"在组织军队、奔走于汉阳矿工和农民赤卫队之间的时候"，被"一些同国民党勾结的民团抓到了"，民团的人奉命把他押送到民团总部去处死。在打算贿赂民团的人以求生路的想法落空后，毛泽东相机挣逃，侥幸脱险。死里逃生的毛泽东并未被敌人的白色恐怖所吓倒，依然奔赴农民赤卫队所在地，继续从事革命活动。回首往事，毛泽东感慨地说："犹记当时烽火里，九死一生如昨。"[1]

　　1934 年，是毛泽东人生中的一个低谷。面对博古、李德军事上的失败却无能为力，毛泽东心情沉重。屋漏偏逢连阴雨。这一时期，毛泽东不仅遭遇丧妻丧子之痛，而且身染疟疾有生命危险，真是祸不单行。备受打

---

　　[1]　《毛泽东年谱（一九四九——一九七六）》第 5 卷，中央文献出版社 2013 年版，第 497 页。

击的毛泽东黯然垂泪，说出"天亡我也"的愤懑之语。但是，就是在这样的情况下，他还在为党的前途担心，而没有动摇干革命的坚定信念。1935年1月，召开了遵义会议，毛泽东重回领导岗位，再次有机会践行他对于为人民利益而奋斗的革命理念，这一干就是40余年，直到生命的最后时刻。

实事求是，知行合一。在革命、建设和改革时期，每个阶段，中国共产党所面临的社会环境都有其特殊性，所要解决的社会矛盾也是不一样的，而在这些矛盾中最关键的是主要矛盾。一个时期有一个时期的矛盾，一个时期有一个时期的任务。对主要矛盾的认识正确与否，直接关系到对党的任务的认识正确与否，进而关系到党的事业的成败。中国共产党在早期的革命岁月里之所以犯这样那样的错误，固然与党的不成熟有关，但与党的主要领导人脱离实际、犯了主观主义的严重错误关系密切。

民主革命时期党的历史上三次"左"的错误，是党的主要领导人犯主观主义错误最为严重的结果。不论是教条主义，还是经验主义，都是理论脱离实际，违背实事求是原则的。1937年7月，毛泽东在《实践论》中，从哲学的高度指出："我们的结论是主观和客观、理论和实践、知和行的具体的历史的统一，反对一切离开具体历史的'左'的或右的错误思想。"1941 年 5 月，毛泽东在《改造我们的学习》的报告中有一段精彩论述："'实事'就是客观存在着的一切事物，'是'就是客观事物的内部联系，即规律性，'求'就是我们去研究。我们要从国内外、省内外、县内外、区内外的实际情况出发，从其中引出其固有的而不是臆造的规律性，即找出周围事变的内部联系，作为我们行动的向导。"这既是血的教训，又是理论的结晶。一切不从实际出发，一切不以时间、条件为转移的决策和行为，都是不讲实事求是的表现，难免不以失败或挫折告终。而实事求是，"这种态度，就是党性的表现，就是理论和实际统一的马克思列宁主义的作风。这是一个共产党员起码应该具备的态度"。

总结经验，凝聚智慧。前事不忘，后事之师。善于总结经验，是毛泽东成长为杰出领袖的一个重要原因。一方面他善于总结实际工作中的经验。1928 年的《井冈山的斗争》中，毛泽东开篇就分析了工农武装割据产生和发展需要具备的条件，然后又总结了"八月失败"的原因。此外，还就割据地区的军事问题、土地问题、政权问题、党的组织问题、革命性质问题、割据地区问题进行了总结汇报。内容全面，分析深刻，高屋建瓴，总揽全局。他善于总结历史经验。1962 年 1 月，毛泽东在扩大的中央工作会议上讲话时，援引《史记》中郦食其批评刘邦的故事，阐明"在党委会内部只应当实行民主集中制"的道理，劝告党内一些领导干部要向刘邦学习，注意纳谏，不要学项羽不爱听别人的不同意见，否则，"难免有一天要'别姬'就是了"。1972 年 12 月，中共中央在转发国务院《关于粮食问题的报告》时，传达了毛泽东主席"深挖洞、广积粮、不称霸"的指示。这条指示是对《明史·朱升传》中"高筑墙，广积粮，缓称王"的决策进行了改造。正是由于毛泽东具有丰富的历史文化知识，在很多时候，他都可以将历史典故融会贯通。

十二、"抓而且紧"

　　表面上看，工作方法只是一种技术或策略，但实际上，任何方法背后都蕴含着某种特定的世界观。方法需要正确的世界观为指导，否则，心术不正之人，方法越多，罪恶越大；又或者是方向错误，效率越高，则距离目标越远。"南辕北辙""好心办错事"等俗语即有此意。因此，在进入方法之前，必须先认清道路、端正心术。毕竟，唯有笃实守正，才可长久。

　　虽然方法不是万能的，但没有方法却是万万不能的。概言之，如果道路正确，再适当掌握些方法，便可提高效率，较快达成目标。否则，便如同笨牛拉车，虽用力甚大，且不乏劳苦，但事倍功半、效果不彰。作为伟大的革命家，毛泽东在道与术上都极具修养。一方面，他眼光宏阔，对中国近百年来的动荡与苦难，有着精准的观察与感受，且能在大方向上给出解决之法——即走向农村，联合农民，发动阶级斗争，推翻一切压迫性力量，再造新中国。从历史趋势上看，这个主张无疑紧扣时代脉搏，解决了中国向何处去的问题。应该说，此番眼光与格局，在近代中国无人能出其右。找准方向后，实际道路又是曲折、漫长的。"革命不是请客吃饭"，它要处理一系列复杂、繁难的事务；要应对种种惨淡、低落，甚至是残酷的局面。因此，一旦进入具体行动，手腕、技巧、策略便不可或缺。面对实际事务，毛泽东亦发明出一系列独特方法。这些方法既指导了革命战争，也给后人以无限启迪。我们若潜心揣摩，细细体味，必可无穷受益。本章将就"抓而且紧"这四字真言展开论述，以期通过"微言"洞察"大义"。

抓什么？

1949 年 3 月 5 日，中共七届二中全会开幕，毛泽东代表中央委员会作了《在中国共产党第七届中央委员会第二次全体会议上的报告》。解放战争进入收尾阶段，中国共产党即将全面夺取胜利，是这个报告出炉的时代背景。站在历史的转折点上，毛泽东相当冷静。中国共产党即将由革命党变为执政党，领导干部，尤其是原先的军事干部急需转变思想。从"打天下"到"治天下"的过渡极为艰难，如果处理不好，极易前功尽弃、功亏一簣，毛泽东屡次提及李自成的教训，便是此意。不难发现，在历史大幕微微开启之际，毛泽东不仅没有欢快得手舞足蹈，反而是谨慎得如履薄冰。1949年3月13日，毛泽东在中共七届二中全会上所作结论中，特别提到党委会工作方法问题。《毛泽东选集》收录了本部分内容，题目就为《党委会的工作方法》。

《党委会的工作方法》第六条谈到"抓紧"问题。毛泽东指出："党委对主要工作不但一定要'抓'，而且一定要'抓紧'。什么东西只有抓得很紧，毫不放松，才能抓住。抓而不紧，等于不抓。伸着巴掌，当然什么也抓不住。就是把手握起来，但是不握紧，样子像抓，还是抓不住东西。我们有些同志，也抓主要工作，但是抓而不紧，所以工作还是不能做好。不抓不行，抓而不紧也不行。"[①]此番言语具有典型的毛氏风格——简洁、明快、直击要害。

在七届二中全会上，毛泽东是面向众人说法，所以不可能事无巨细、面面俱到，只能以高度概括的方式，直指核心问题。至于如何在工作中"抓紧"，毛泽东并未详细论述，这就需要干部个人去领悟。毕竟，管理一个巨型化的组织结构，居于最上端的领导者，不能一竿

---

① 《毛泽东选集》第4卷，人民出版社1991年版，第1442页。

子指挥到底。否则，不仅中间领导层会被架空，失去活力；而且领袖也有陷入"事务主义"的危险——大量精力被杂务消耗，影响战略决策。国共对战的数十年里，蒋介石喜欢越级指挥，不仅自己忙得焦头烂额，而且也弄得高级将领无所适从；毛泽东则很少指挥到师、团一级，往往只对战略方向作出部署，前线将领可根据具体情况自由发挥。结果，中共军队不仅在战略上别开生面，而且在战术上也更灵活、更富冲击力。从这个角度看，毛泽东的统帅艺术远胜蒋介石。回到七届二中全会上，毛泽东的发言看似粗枝大叶，但实际上，那恰是统帅应有的风格。

统帅只就一般方法作指示，那么下级干部如何领会？

首先，不能仅就方法谈论方法，否则容易成为"空对空"的东西。思想方法只有融入实践才能显示出力量，也就是说方法要与手中的任务相结合。然而，如何才能很好地结合？这就要"听其言，观其行"。毛泽东所讲的方法不是空想而来，那些看似抽象的方法背后，有着千百万次的经验支撑。所以，学习方法，不能简单地研究那几条言语，更重要的是看领袖个人如何把理论与实践结合起来。这就需要从其全部的历史与行动中进行考察。"读史使人明智"的道理与意义也正是在这里。

纵观毛泽东的毕生事业，可以说，他关于"抓"的要点，主要体现在三个方面。第一，在计划制定上"抓"大局；第二，在具体执行上"抓"重点；第三，在多种事务的平衡与取舍之间，"抓"与百姓利益密切相关的事。谋定而后动，"谋"时小心谨慎，"动"时坚决果断，是古今领袖人物的共同品质。毛泽东关于"抓"的前两个方面，正与古今豪杰相暗合。至于以"急百姓之所急"，一方面，与传统的"爱民如子"思想有关；另一方面，更为直接的来源，应该与中国共产党的革命目标和执政理念有关。

理念是方法的前提，方法只有根植于一个广阔而正确的理念之上，才能枝叶繁茂；否则，格局狭小，谋术再精良，也难成大器。此外，回顾历史是学习方法的重要途径，而胸怀与眼光决定了方法的效能与限度。下文将以历史为根据，对毛泽东"抓"的三方面展开详细剖析。

首先谈第一个方面，"抓大局"。革命战争年代，事情千头万绪，很多时候都是牵一发而动全身。因此，在做计划的时候，必须通盘考虑。例如，1928 年，毛泽东初上井冈山，就把革命归结为武装斗争、土地分配、根据地建设，如此"三位一体"的做法，历史上绝无仅有。要知道，井冈山时期，是毛泽东第一次带兵打仗。

初露头角即有如此出色的综合性眼光，着实令人赞叹。战争在任何时候都不是单纯的武装对抗，它涉及到士气、民心以及整个国际局势。全面抗战爆发初期，毛泽东即判断中日之间必是一场"持久战"，后来的历史发展完全证实了这一断言。回过头来看，毛泽东的预言显然不是算命先生式的瞎猜。通读《论持久战》一文，可以发现，日本的力量，八路军的力量，国民党的力量、美苏日等国际力量都被统筹考虑进来。可以肯定地说，毛泽东之所以能准确预言，是基于广阔的世界眼光和极强的分析能力，并非侥幸猜中。

正是因为有全局性的眼光，中国革命才能从各方势力相互交错的中间地带走出一条生路。1948年3月，毛泽东深有感触地讲："没有全盘的策略观点与政策观点，中国革命是永远不能胜利的。"①检视史实，可以发现，毛泽东的说法具有相当坚实的根据。红军时期，中共革命是"三位一体"；抗战时期，党拒绝片面抗战，将全民族各阶级都纳入抗日阵营；解放战争时期，党积极开辟第二条战线，前后夹击，将军事与政治进行完美的结合，最终以少胜多。革命若想取得成功，决不能是

---

① 《毛泽东年谱（一八九三——一九四九）》下卷，中央文献出版社2013年版，第295页。

单向度的，它必须要综合运用多种武器。而统帅的眼光与格局，则决定了武器库的丰富程度。1938 年 3 月 30 日，毛泽东深有感触地对抗大学员讲："只有了解大局的人才能合理而恰当地处置小的问题。即使是当排长的也应该有个全局的图画，这样才有大的发展。"[1] 比较而言，蒋介石从抗战到内战，基本上都局限于军事，眼光狭隘，手段单一，最后不仅导致前线溃败，后方也怨声载道。反观毛泽东指挥下的中共军队则是多头并进，互为犄角，坚不可摧。可以说，领袖气质上的云泥之别，很大程度上决定着国共战争的走向。总而言之，作为统帅，"抓"的面相一定要大，唯有全盘的眼光，才能领导全局的事务，就像毛泽东所讲的那样："顾大局，是最高的品德，并不吃亏。"[2]

战争时期需要统筹兼顾；新中国成立之后，百废待兴，事情千头万绪，更需要十指连弹。例如，50 年代初，一方面物价飞涨，百姓生活困苦；另一方面军队规模庞大，需要人民供养。军事与经济的矛盾异常尖锐，中共中央面临两难的局面——既不能一味裁军，又不能

---

[1] 《毛泽东年谱（一八九三——一九四九）》中卷，中央文献出版社 2013 年版，第 62 页。

[2] 《毛泽东年谱（一九四九——一九七六）》第 3 卷，中央文献出版社 2013 年版，第 557 页。

置人民生活于不顾。这就需要"抓"的艺术。1950 年 4
月，毛泽东在政协常委扩大会议上讲：一方面抓经济调
整，一方面抓军队减员。目前军队有 560 万，可以减少
160 万。但减中又要有增——加强空军、海军、炮兵、
工兵等技术兵种，减少陆军，同时又不是大裁军，是把
愿意回家、有家可归的送走，并使家乡组织人员欢迎
他们。[1] 这样既可节省军费，又不至于削弱战斗力。此
外，当时城市工人失业严重，如上海有 20 万人，南京
5 万人，武昌 10 万人，重庆 6 万人，广州 5 万人，京
津 6 万人，全国共失业工人约 60 万人。针对这种情况，
毛泽东提议："全军每人捐出一斤米，作为失业工人救
济金"，同时提醒，"在报道时只提粮食总数，不要提每
人一斤米，以免暴露总人数"。[2] 可以看出，毛泽东的
做法，既不是简单的裁军，也不是简单的增加税负，而
是多管齐下，统筹兼顾，而且还不忘在关键点上作出提
醒。如此粗中有细、全面周到的"抓"法，相当值得
学习。

最后需要稍加申论的是，"抓"大局，并不是单纯

---

① 《毛泽东年谱（一九四九——一九七六）》第 1 卷，中央文
献出版社 2013 年版，第 115 页。

② 《毛泽东年谱（一九四九——一九七六）》第 1 卷，中央文
献出版社 2013 年版，第 123 页。

地抓数量，而是通过研究众多事实，归纳形成一个总体性看法。也就是说，"全局"不是事实简单、机械的叠加，而是参透它们之间的关联，使之前后贯通。这既需要掌握经验材料，又需要分析、思考与权衡。很多人不缺乏大局意识，但最终却两手空空，什么也没抓到，甚至是错抓、误抓。追其缘由，关键就是因为缺乏分析能力，迷失在一堆事实之中，难以跳出其外。哲学家伊里奇曾说："在社会现象的领域中，最流行的方法，最无益的方法，莫过于分离个个小事实和玩弄实例。为要在事实上奠定基础，就必须无例外的把捉与所考察的问题有关系的事实的总体，而不是个个的事实。否则就会任意的选择并搜集事实，就会无视整个历史现象之客观的相互依存的关系，为了注重无意义的事情，而采取'主观的'处理方法"。毛泽东读到此话，心有戚戚，在留白处批注道："把捉与中国苏维埃战争有关系的事实的总体，即革命战争的特点，而不是打中心城市与堡垒主义等个个独立的事实，这种事实总体就是联结个个事实、个个方面的一般基础"。[①] 不难看出，抓大局实际上就是抓战略方向。这既要以事实为基础，又要加以裁断，进而融会贯通。毫无疑问，此种综合性的大局观，

---

① 《毛泽东哲学批注集》，中央文献出版社1988年版，第10页。

应当是领导者努力去"抓"的第一件大事。

"抓"的第二个方面是抓重点。猛一看，抓重点与抓全局似乎相冲突。其实不然，抓全局主要是指计划制定上全面周到；抓重点则是行动上坚决果断。从哲学角度看，抓重点是抓主要矛盾。毛泽东在《关于领导方法的若干问题》一文中明确谈道：在任何一个地区内，不能同时有许多中心工作，在一定时间内只能有一个中心工作。"任何一级的首长，应当把自己注意的重心，放在那些对于他所指挥的全局说来最重要最有决定意义的问题或动作上，而不应当放在其他的问题或动作上。"①天下的事情，不外乎"坐而论道"与"起而行事"两个层面。前者要发散思维，考虑周全；但后者就要聚焦一处，当机立断。这也是思与行的辩证统一。

毛泽东曾以三国人物袁绍为例，详细论述了重点与全面之间的关系。在毛泽东看来，袁绍这个人多端寡要，多谋寡断，见事迟，得计迟。所谓"见事迟，得计迟"，就是形势已经出来了，还不能作出决断。毛泽东因此提醒说："不要多端寡要，多谋寡断。谋是要多，但是不要寡断，要能够当机立断；端可以多，但是要抓

---

① 《毛泽东选集》第1卷，人民出版社1991年版，第176页。

住要点，一个时候有一个时候的要点。"① 可见，在"抓紧"的过程中，"谋"与"断"二者缺一不可。

"抓"的第三个方面与百姓生活有关。为人民谋福祉是中国共产党的宗旨，毛泽东在革命初期就特别关心百姓生活。1925 年毛泽东写作《中国社会各阶级的分析》一文时，就特别注意贫雇农的生活。井冈山时期，毛泽东做过多次社会调查，对农民生活进行了细致入微的考察。新中国成立后，对于民生问题，毛泽东更是紧抓不舍。1949 年 10 月，张家口一带发生肺鼠疫，死亡 60 余人。为控制疫情，10 月 28 日，毛泽东专门致电斯大林，请求空运生菌疫苗 400 万人份，血清 10 万人份，并称"所需代价，当令中国政府以物物交换办法照付"。斯大林允诺后，毛泽东非常高兴，复电称："承你派送专门医生、防疫队和大量药品到北京来，甚为感谢。"② 1950 年 8 月，淮河沿岸发生水灾，20 余县受灾。8 月 5 日，毛泽东接报告后当即批示："请令水利部限日作导淮计划，送我一阅。此计划八月份务须作好，由政

---

① 《毛泽东年谱（一九四九——一九七六）》第 3 卷，中央文献出版社 2013 年版，第 617 页。

② 《毛泽东年谱（一九四九——一九七六）》第 1 卷，中央文献出版社 2013 年版，第 31 页。

务院通过，秋初即开始动工。"① 可以说，只要关乎百姓的事，毛泽东从来不含糊。

除普通百姓外，毛泽东对广大民主人士也多有关照。1949 年 10 月 24 日，毛泽东与傅作义、高克林等人谈及团结起义人员的方针问题时称，我们对起义人员的方针是又团结又改造。只有团结，没有改造不行。但改造过程不能用粗暴的方法，要像下小雨一样，才能渗透进去。要按照他们的具体情况和能够接受的程度进行思想政治教育，不能强迫灌输。毛泽东意味深长地讲，现在共产党成了全国性的大党，又有了政协全国委员会，我当主席有责任使各方面都有利，使别的党派也有利，否则会引起不满，会被人骂，甚至会被推翻。中国永远是党与非党的联盟，长期合作。双方要把干部都当成自己的干部看，打破关门主义。这次政府的名单中，共产党人和进步人士还是一半一半好，要搞五湖四海。中国已归人民，一草一木都是人民的，任何事情我们都要负责并且管理好，不能像踢皮球那样送给别人去。国民党的一千万党、政、军人

---

① 《毛泽东年谱（一九四九——一九七六）》第 1 卷，中央文献出版社 2013 年版，第 169 页。

员我们也要包起来,使所有的人都有出路。① 当时有些干部对民主人士不放心,毛泽东回应称:"眼光要看到全国与全面。"②"不踢皮球""使所有的人都有出路"既充分显示了共产党人的担当,也侧面表明毛泽东对人民群众的关心。

"抓"百姓关心的事,就是执政为民。毛泽东的一言一行,正是中国共产党执政理念的体现。1965 年 2 月 19 日,在会见坦桑尼亚总统尼雷尔时,毛泽东说:"上帝就是人民,人民就是上帝。"③民心稳,政权才稳。可见,抓民生、暖民心应是领导者重点关注的头等大事。

如何抓得"紧"?

工作方向确定后,下一步便是全力以赴。"抓紧"是达成目标的重要保障,若是三天打鱼两天晒网,不论

---

① 《毛泽东年谱(一九四九——一九七六)》第 1 卷,中央文献出版社 2013 年版,第 27—28 页。

② 《毛泽东年谱(一九四九——一九七六)》第 1 卷,中央文献出版社 2013 年版,第 28 页。

③ 《毛泽东年谱(一九四九——一九七六)》第 5 卷,中央文献出版社 2013 年版,第 480 页。

规划多完美，结果必定是一场空。"抓紧"不是空言，而是实干。下文将以"三反"期间毛泽东的工作日程为例，详细展示伟大领袖是如何"抓紧"工作的。

新中国成立后，一些干部经受不住糖衣炮弹的诱惑，贪污腐败之风盛行。为澄清风气，1951年底，中央开始"三反"工作，毛泽东对此相当重视。1952年1月1日，他致信谭政，要求在"三反"中注意两点：一、对各军区以电话、电报严加督促，勤加指导，务使每天都有收获；二、亲手抓紧直属部门，三天一会，五天一报，照西南的办法，做出成绩，取得经验，通报各处。① 很明显，这一指示，正是"抓紧"的直接体现。毛泽东在要求他人"抓紧"的同时，自己更是以身作则，毫不松懈。接下来的半个月，毛泽东极高的工作效率令人惊叹：

1月2日，毛泽东批示志愿军第二十兵团关于开展"三反"运动的报告，指出：在朝鲜的志愿军已有两个军及一个兵团响应中央号召开展"三反"斗争，国内则除了六十六军外，都还没有收到报告，原因何在？速即

---

① 《毛泽东年谱（一九四九——一九七六）》第1卷，中央文献出版社2013年版，第459页。

查报。① 同日批示华东军区党委关于开展"三反"斗争的报告。②

1月3日，凌晨一时至三时四十分，听取薄一波汇报"三反"斗争情况。

1月4日，凌晨五时，审阅修改《人民日报》社论稿《在反贪污、反浪费、反官僚主义的伟大斗争中，发动群众的关键何在?》，批示："很好，可即发表"；同日，起草《关于立即抓紧"三反"斗争的指示》，指示：若是贪污分子，"不管什么人，一律撤职查办"。并要求各大区负责同志加强联络，"在目前三反紧张时期，每三天至五天通话一次，检查各区三反进度"。同日，批示江西省委关于"三反"运动的报告，指出："江西省委这个报告很好，认真地和有力地解决了问题，和有些地方党委所作空泛无力的报告大不相同，请在党刊上予以发表。"③

1月5日，批示北京市委关于"三反"斗争的报告；

———————————

① 《毛泽东年谱（一九四九——一九七六）》第1卷，中央文献出版社2013年版，第460页。

② 《毛泽东年谱（一九四九——一九七六）》第1卷，中央文献出版社2013年版，第460页。

③ 《毛泽东年谱（一九四九——一九七六）》第1卷，中央文献出版社2013年版，第462页。

批示华东军区关于"三反"问题的工作报告；审阅浙江省委关于"三反"的工作报告，并批示薄一波、彭真："请你们对贪污浪费轻重大小如何处理问题加以研究，于十天内将惩治浪费条例起草出来，并将惩治贪污条例加以修改，于一月十六日交我为盼。"①

1月6日，审阅薄一波起草的中央给华东局的复电稿，加写："各地如有需要杀几个贪污犯才有利于发动群众，亦可杀几个。"②

1月7日晚，听取薄一波汇报。

1月8日晨，听取彭真汇报天津市"三反"运动情况。

1月9日，就军事系统的"三反"运动情况批示萧华："军事系统的三反报告有需处理的，一概请你们处理，包括军委各部、各大军区及志愿军的一般问题在内。只有若干特殊问题，必须经过我才能解决者，则由我来处理。"③

1月10日，批示公安部的"三反"斗争报告，指出："请你们密切指导公安部门都照中央公安部的方针和办法在全国三十万公安人员中开展一个彻底的猛烈的三反斗争，将一切污毒洗干净。哪一处公安机关（包括警察）的斗争比不上中央公安部，就是那里的领导人不行，方针和办法不对，必须立即加以检讨和改正。"[①] 同日毛泽东又相继批示了空军党委、天津市委、西康省军区党委关于"三反"问题的汇报。在西康省军区党委的报告上批示："此件很好。真是雷厉风行，没有拖泥带水。"[②]

1月12日，晚九时，听取薄一波汇报各大军区"三反"运动的情况。

1月13日，批示华东局提交的"三反"报告，要求"对于一切犯法的资本家，无例外地均应抓住其小辫子，分别轻重大小，予以不同的惩治或批判"。

1月14日，批示集宁军区提交的"三反"报告，指出："集宁分区只说了浪费和生活腐化，还没有提到贪污事件。像一个军分区一定有大批的贪污犯，望各地

---

① 《毛泽东年谱（一九四九——一九七六）》第1卷，中央文献出版社2013年版，第466页。

② 《毛泽东年谱（一九四九——一九七六）》第1卷，中央文献出版社2013年版，第467页。

严格注意。"①

1月15日，批示华东军区、西南军区、贵州省军区的"三反"运动报告。

这一系列批示有很多脍炙人口的名言。例如，"凡属不痛不痒敷衍塞责者，其领导人不是官僚主义分子，就是贪污分子"；"我们不怕贪污人数多，款数大，只怕不能发动群众斗争，不能把大中小各类贪污分子全部弄清楚"；"无论党、政、军、民哪一系统，哪一机关，只要是大批地管钱管物的，就一定有大批的贪污犯"；"一切不痛不痒的报告，千万不要相信"。②

古人有云：行胜于言。毛泽东这半个月的工作，充分展示了何为"抓紧"。开会、批示、听取汇报等一系列手段都是"抓紧"的体现。薄一波曾回忆称，毛泽东自己"看准的事情，一旦下决心要抓，就抓得很紧很紧，一抓到底，从不虎头蛇尾，从不走过场"③。回顾历史可知，薄一波此言不虚。

---

① 《毛泽东年谱（一九四九——一九七六）》第1卷，中央文献出版社2013年版，第470页。

② 《毛泽东年谱（一九四九——一九七六）》第1卷，中央文献出版社2013年版，第472页。

③ 薄一波：《若干重大决策与事件的回顾》上卷，中共中央党校出版社1991年版，第142页。

　　总而言之，"抓紧"是要见诸行事，而非空言宣誓。从毛泽东的工作过程中可以看到，听取汇报、指导检查、开会讨论等都是"抓紧"的重要方式。这其中，又以指导与检查最为毛泽东所看重。随时检查，随时纠正，是克服拖延的重要方式，也是"抓紧"的绝佳途径。

　　毛泽东对于指导和检查深有心得。20 世纪 30 年代，他在江西长冈乡做调查时，就注意到乡苏的检查制度。当时，长冈乡每周都要开检查会议，每次由值日代表作会议报告，报告后，各委员讨论未完成的任务及做得不好的地方，并提出改进办法。毛泽东对此大为赞赏，要求推广到全区实行。① 一年后，他对检查工作进行了更为系统的总结。在《乡苏区怎样工作》一文中，毛泽东初步阐述了"检查"的要旨。他在文中谈到，每一件工作的部署，不只是讨论了、报告了就可以完事，还要紧紧跟着去检查。每个代表检查各家；村主任、副主任检查各代表；乡苏主席团检查村主任。毛泽东犀利地指出："没有这种检查，有些人家，有些代表，有些村屋，就会马虎过去，到期不能完成要求，或者数目上有了而工作内容不好。"② 总而言之，要争取苏维埃工作质量好

---

　　① 《毛泽东文集》第 1 卷，人民出版社 1993 年版，第 280 页。
　　② 《毛泽东文集》第 1 卷，人民出版社 1993 年版，第 357 页。

转，检查是极其紧要的办法。

毛泽东在革命初期发明的检查办法，日后也多有运用。延安整风时期，为督促干部改正缺点，毛泽东号召："三个月研究文件，一个月检查工作"①。

新中国成立后，各单位呈送的公文报告空话太多，条理混乱。为改造文风，1951年2月，毛泽东要求，4月底中央各单位将本年度1月至4月收受的电文分别做一次检查，对执行得好的机关予以通报表扬，对执行得不好的予以通报批评。以后每四个月做一次检查，1951年共作三次检查，年终做一次总检查。"每次均须写出总结，经中央审定，通报全党各主要领导机关"。②毫无疑问，如此雷厉风行的检查，对落实工作必定大有裨益。1956年，在农村合作化如火如荼进行之时，毛泽东对各省委、区党委、市委和地委负责人讲：对于合作化运动的检查工作必须抓紧，不是每年进行一次，而是应当进行几次。一有问题就去解决，不要使问题成了堆才去作一次总解决。③从毛泽东的言行举止中可以看出，随时检查，将问题控制在萌芽状态，是抓紧落实的重要法宝。

---

① 《毛泽东文集》第2卷，人民出版社1993年版，第418页。
② 《毛泽东新闻工作文选》，新华出版社2014年版，第208页。
③ 《毛泽东文集》第6卷，人民出版社1999年版，第436页。

　　看似抽象的方法背后，实际上有着众多经验支撑。毛泽东思想之丰富，已毋庸赘言，后来人若要从中掘出宝藏，一方面需要关注理论层面，另一方面也需要关注经验层面。透过实践看理论，或许才会有更真切的体悟。从这个意义上讲，理论与经验相结合，不仅是工作方法，亦是一种学习方法。

十三、"我是靠总结经验吃饭的"

　　所谓总结经验，就是在实践和再实践的基础上进行认识和再认识的工作，就是不断地把感性认识上升到理性认识，不断地使认识升华和发展的工作。毛泽东、周恩来、邓小平等老一辈无产阶级革命家，除了具有高超的理论水平外，还有极其丰富的实践经验，他们一贯把总结经验作为重要的思想方法和工作方法，值得我们今天的领导干部学习和借鉴。

　　20世纪60年代毛泽东和程思远的一段对话，最能直接表明毛泽东对总结经验的重视。1965年7月27日，毛泽东在中南海接见刚从海外归来的原国民党政府代总统李宗仁先生和夫人时，突然主动向在座的李的机要秘书程思远发问："你知道我靠什么吃饭吗？"程一时茫然不知所对。毛泽东接着意味深长地说："我是靠总结经验吃饭的。以前人民解放军打仗，在每个战役后，总来一次总结经验，发扬优点，克服缺点，然后轻装上阵，乘胜前进，从胜利走向胜利，终于建立了中华人民共和国。"①

在毛泽东看来，经验是人们采取行动的前提条件。他认为，人们都只能根据自己的见闻即经验作为说话、做事、打主意、定计划的出发点或方法论，未见未闻的连梦也不会做。众所周知，毛泽东关于游击战的"十六字口诀"，曾在 20 世纪六七十年代被第三世界国家奉为游击战的圣经。1964 年，他和周培源、于光远一起回忆往事就提到了这"十六字诀"的来历。毛泽东说，他从来没有想到自己会去搞军事，去打仗。后来自己真的带起部队打起仗来，上了井冈山。在井冈山打了一个小胜仗，接着又打了两个大胜仗，于是，经过总结经验，产生了"十六字诀"。

毛泽东曾在不同场合再三向党内各级领导干部强调，总结经验是领导者的重要责任，它应当贯穿于一切领导者的工作中。1941 年 8 月 22 日，就总结财经工作经验问题，他给谢觉哉写了一封信。信中明确指出："善于总结经验，就是领导者的任务。"②1948 年 3 月，他在《〈山西崞县是怎样进行土地改革的〉一文按语》中，

---

① 《毛泽东和党外朋友们》，团结出版社 1996 年版，第 58 页。
② 《毛泽东书信选集》，中央文献出版社 2003 年版，第 168 页。

要求各中央局、中央分局及前委的各级领导，注意收集和传播经过选择的典型性的经验，使自己领导的群众运动按照正确的路线向前发展。他说："领导者的责任，就是不但指出斗争的方向，规定斗争的任务，而且必须总结具体的经验，向群众迅速传播这些经验，使正确的获得推广，错误的不致重犯。"①

进入社会主义建设时期，面对新任务新挑战，毛泽东进一步要求各级党委领导，"不但要交任务、交政策，而且要交经验。要做好工作必须总结经验。不但要总结领导的经验，而且要着重总结群众生产的工作的各种经验"②。1962 年 1 月 30 日，毛泽东在扩大的中央工作会议上的讲话中，全面总结了中国共产党在新民主主义革命时期和社会主义建设的经验。他认为，在民主革命时期，中国共产党经过胜利、失败，再胜利、再失败，两次比较，才认识了中国这个客观世界。因此，对于建设社会主义的规律的认识，也必须有一个过程。必须从实践出发，从没有经验到有经验，从有较少的经验，到有较多的经验，从建设社会主义这个未被认识的必然王国，到逐步地克服盲目性、认识客观规律，从而获得自

---

① 《毛泽东文集》第 5 卷，人民出版社 1996 年版，第 80 页。

② 《毛泽东年谱（一九四九——一九七六）》第 1 卷，中央文献出版社 2013 年版，第 356 页。

由，在认识上出现一个飞跃，达到自由王国。这些论述清晰地透露出毛泽东对总结经验这一工作方法的倚重。

毛泽东重视总结经验不仅是总结自己的经验，而且还重视总结广大人民群众的实践经验，他始终把自己的思想看成是党和人民群众集体智慧的结晶。他曾说："任何英雄豪杰，他的思想、意见、计划、办法，只能是客观世界的反映，其原料或者半成品只能来自人民群众的实践中，或者自己的科学实验中，他的头脑只能作为一个加工工厂而起制成完成品的作用，否则是一点用处也没有的。人脑制成的这种完成品，究竟合用不合用，正确不正确，还得交由人民群众去考验。"① 他在《反对本本主义》一文中鲜明地指出，共产党的正确而不动摇的斗争策略，决不是少数人坐在房子里能够产生的，它是要在群众的斗争过程中才能产生的，这就是说要在实际经验中才能产生。他进而表示经验是检验政策的标准，政策必须在人民实践中，也就是经验中，才能证明其正确与否，才能确定其正确和错误的程度。中华人民共和国成立后，毛泽东虽为一国领袖，依然以身作则保持战争时期深入群众调查研究的作风，时刻关注各地的具体情况，及时发现群众当中值得推广的经验。

① 《毛泽东文集》第7卷，人民出版社1999年版，第358页。

1953年2月，毛泽东在江苏泰兴乡下调研了解到当地养猪、肥多、庄稼长得好的经验，后来在党内干部会上，多次讲到养猪、积肥与农业的关系，足见其对群众经验的关切和重视。

重视总结历史经验也是毛泽东的一个显著特点。他曾说："如果要看前途，一定要看历史。"[1]在抗日战争刚刚转入战略相持阶段，毛泽东就向全党发出号召："一切有相当研究能力的共产党员""都要研究我们民族的历史"；"指导一个伟大的革命运动的政党，如果没有革命理论，没有历史知识……要取得胜利是不可能的"。[2]他在阅读了郭沫若的《甲申三百年祭》后表示，郭的这篇杂文完全可以当作一份重要的整风文件。中国革命如果不能从历史中总结经验，小胜即骄傲，大胜更骄傲，必定是一次又一次吃亏。毛泽东还把总结历史经验的重要性提升到马克思主义认识论的高度。他说："人类的历史，就是一个不断地从必然王国向自由王国发展的历史。……因此人类总得不断地总结经验，有所发现，有所发明，有所创造，有所前进。"[3]毛泽东的大多数著作

---

[1]《毛泽东文集》第8卷，人民出版社1999年版，第383页。

[2]《毛泽东选集》第2卷，人民出版社1991年版，第532、533页。

[3]《毛泽东文集》第8卷，人民出版社1999年版，第326页。

都是在总结了古今中外革命历史经验的基础上写成的，特别是在总结了中国共产党领导的新民主主义革命、社会主义革命与建设历史经验的基础上写成的。他的名著《中国革命战争的战略问题》《新民主主义论》《论人民民主专政》《论十大关系》《关于正确处理人民内部矛盾的问题》等，都是总结历史经验写就的不朽著作。

然而，实践证明，人们的认知不一定全是正确的，正如毛泽东所认识的那样："认识的盲目性和自由，总会是不断地交替和扩大其领域，永远是错误和正确并存。……错误往往是正确的先导，盲目的必然性往往是自由的祖宗。"[1] 因此，总结经验不能只总结成功的经验，还要总结失败的教训，而总结失败的教训尤为重要。这是因为：首先，失败的教训常起到正面经验所起不到的反面教员的作用，它可以使人得到锻炼，变得更加能辨是非。毛泽东曾以王明的教条主义错误为例，说明错误的经验对指导中国革命的意义。他认为王明用他的错误教育了党，教育了人民，从这一点上讲，他本人就是王明的学生。毛泽东认为中国革命的教员不只是马克思、恩格斯、列宁、斯大林，还应包括帝国主义、蒋介石，以及犯错误的同志。没有他们，我们就学不会办

---

[1] 《毛泽东著作选读》下册，人民出版社 1986 年版，第 846 页。

事。第二，失败常常比成功所付出的代价更为沉重，会使人们获得更多的、更为深刻的，而且在通常情况下得不到的经验教训，这些经验教训也常常会使人刻骨铭心，避免让类似的错误重犯。毛泽东的不同凡响之处，就在于他善于吸取教训，总结失败的经验，从失败的因果关系中寻找成功的先机。

正是因为重视利用错误教训，毛泽东在总结经验时，总是抓正（成功）反（失败）两个方面。他在1928年11月写的《井冈山的斗争》一文中，既讲到了湘赣边界割据的成功经验，又讲到四月和八月两次失败的教训。读了此文，使人对井冈山革命根据地的复杂、激烈斗争情况有了更清楚的认识。他在1936年12月发表的《中国革命战争的战略问题》一文中，也是既总结了中央革命根据地前四次反"围剿"的成功经验，又总结了第五次反"围剿"的失败教训。正反两个方面的经验和教训使毛泽东对中国革命战争的发展规律了然于胸。

毛泽东重视经验，但坚决反对经验主义。所谓经验主义，就是满足、固守于自己的经验，拒绝理论的指导，是主观主义的一种表现。毛泽东认为，经验主义同教条主义一样是有害的。为了不犯经验主义的错误，有工作经验的人不能放弃理论学习，要认真读书，把感性的经验不断上升为更具条理性、综合性的理论。在党的七大上，毛泽东曾号召全体党员深入了解中国的革命运动，包括军事、政治、文化、经济，整个革命工作的各个侧面及其内部联系，并总结经验，把它提高起来，使之条理化、系统化。

总结经验是把实践中获得的零散的知识系统化，把感性的认知理性化，对历史的感悟现实化，让外来的东西本土化，再从中发现带普遍性的规律，用于指导新的实践。如果说学习是一种习惯，那么总结经验就是一种能力，更是一种智慧。马克思主义认为，认识世界的目的在于改造世界，改造世界比认识世界更为重要，而改造世界就必须善于总结经验。在实现中华民族伟大复兴的新时代，我们各级领导干部将面临前无古人的艰巨任务，只有勇于实践，敢于探索，不断总结经验，才能掌握客观规律，把各项工作做好。

然而，认识总结经验的重要性易，而真正做到善于总结经验难。可以说，毛泽东本人善于总结经验的"特长"，成就了他一生的辉煌。向毛泽东学习如何总结经验，应该是领导干部的一项明智之举。关于如何总结经验，毛泽东有许多精辟的论述，大致可归纳为以下几个基本方法。

第一，要及时。在实践中每做完一件事，或每遇到问题，都必须及时加以总结，肯定成绩，找出问题，以利再战。切忌只实践、不总结，或到了问题成堆时才来总结，算总账，那样损失太大。毛泽东告诫后人，由于受着客观过程的发展及其表现程度的限制（客观过程的方面及本质尚未充分暴露），原定的思想、理论、计划、方案，部分地或全部地不合于实际，部分错了或全部错了的事，都是有的，所以许多时候需要反复地、及时地总结经验教训，才能纠正错误的认识，达到正确的目的。

第二，抓典型。毛泽东认为，在一切活动中要找出几个令人满意的和令人不满意的典型例子，经过深入研究，总结经验，得出具体结论，这样才能有利于工作的改进。在党的第八次全国代表大会预备会议第一次会议上，毛泽东发表了《增强党的团结，继承党的传统》的重要讲话。在讲话中，他谈到了总结经验问题。他说："关于总结经验，我们的经验是很丰富的，但是不能够罗列很多事情，而是要抓住重点，从实际出发，根据马克思主义的观点，加以总结。这样总结，会给我们全党一个推动力，使我们的工作比过去做得更好些。"

第三，坚持群众路线。总结经验，不仅要总结自己个人的经验，更要总结群众的智慧和创造，善于"从群众中来，到群众中去"。1964 年 8 月 29 日，毛泽东接见尼泊尔教育代表团。在会见过程中，代表团团员马拉问："您能不能告诉我们，您所以这样伟大的秘密是什么？您怎么能够这么伟大？您力量的源泉是什么？以便让我们多少学得一点。"毛泽东坦率地答道："我没有什么伟大，就是从老百姓那里学了一点知识而已。""力量的来源是人民群众。"①

第四，要加工。群众的意见是形形色色的、分散的、无系统的，甚至是互相矛盾的。对群众的意见，包括来自下级的报告、经验，都必须经过大脑的"去粗取精、去伪存真、由此及彼、由表及里"的加工制作，由感性认识上升到理性认识，防止将局部的、片面的、表面的甚至完全是虚假的经验，误认为正确的、普遍适用的真理而加以推广。凡事要三思而行，养成分析的习惯。只实践，不善于思索，不愿用脑筋多想苦想，容易犯经验主义错误，仍然做不成事业。

第五，从实际出发。总结经验要从实际出发，绝不允许少数人躲在房子里炮制经验。总结出的经验正确与否，不是依主观上的觉得如何而定，而是要依靠客观社会实践的结果而定。

---

① 《毛泽东年谱（一九四九——一九七六）》第5卷，中央文献出版社2013年版，第401页。

第六，善于从哲学高度总结经验。作为一个领导者，不仅要善于总结各种具体经验，而且要注意总结自己在思想方法、工作方法和领导艺术方面的经验，从而不断提高自己的认识能力和领导艺术。要做到这一点，就需要学一点哲学。缺乏哲学修养的领导者是很难总结好经验的，也是很难做好领导工作的。

中国共产党是一个伟大的党，她领导中国人民不仅取得了革命胜利，而且获得了中国社会主义建设事业的成功，但我们党在这期间也犯过不少的错误，或者多次犯过同一种性质的错误。是什么原因造成的呢？很简单，就是我们的很多领导人和干部不能自觉去总结和汲取经验教训，不善于总结经验教训。毛泽东重视总结经验的工作方法对党内各级领导干部都是适用的。每个年轻干部参加工作时，都有经验不足的问题，都需要在不断学习的过程中成长。总结经验不仅是一个自我积累的过程，也是一个将学习他人的成果内化为自身综合素质的最佳途径。

总之，无论何人，做何工作，若要想在事业上有所成就，做到有所发现、有所发明、有所创造、有所前进，就需要不断地总结经验。

十四、"赔一个不是"

2016年12月底，在中央政治局民主生活会上，习近平总书记强调，领导干部要坚持实事求是，勇于批评和自我批评，勇于听取不同意见，及时改正错误。他指出："批评和自我批评的武器要多用、常用、用够用好，使之成为一种习惯、一种自觉、一种责任。"① 显然，这也是"两学一做"学习教育常态化制度化的一个重要要求。由于受知识结构、实践经验、价值偏好等因素的制约，人们在工作中难免会犯这样那样的错误，领导干部也不例外。关键是发现错误之后如何对待。是文过饰非、推诿责任、敷衍了事，还是承认错误、赔礼道歉、力求改正？这才是广大领导干部需要深究的问题。

作为中国人民的伟大领袖和导师，毛泽东虽然是一

---

① 《习近平谈治国理政》第2卷，外文出版社2017年版，第190页。

代伟人，但伟人毕竟不是神仙，也有出差错、犯错误的时候。但一旦认识到自己犯错后，毛泽东往往能够勇于认识错误、积极改正错误，把错误的损失减到最小。在这一方面，毛泽东为后人留下了很多可以称颂的经典故事，值得今天的领导干部好好学习。

关于毛泽东主动认错、赔礼道歉的一个最为生动和流传很广的故事发生在延安整风运动期间。为实现全党在思想政治上的高度团结统一，毛泽东在延安发起并领导了整风运动。时任中共中央政治局委员、社会部长、中央总学习委员会副主任的康生作为当时具体负责审干工作的领导，利用职权，搞所谓的"抢救运动"，过分夸大了特务、反革命分子在革命队伍中的比例，用逼、供、信和"车轮战"等极左手段，将几千名来自国民党统治区的共产党员、干部和知识青年打成"特务""叛徒""汉奸""投机分子"，制造了许多冤假错案。受康生的影响，党中央和毛泽东对运动作出了错误的判断，使整风运动一度滑向审查干部和肃反，出现了人人自危的局面。时隔不久，毛泽东和任弼时等中央领导同志收到了广大党员干部的反映，经过调查研究，终于发现运动中出现的偏差和问题。毛泽东亲自起草了《关于审查干部的决定》，及时制定了审干工作的"九条方针"和"一个不杀大部不捉"的政策，在党的七大召开前后，对被

"抢救"的干部进行实事求是的甄别，对被整错的同志给予平反、恢复名誉。

对这次审干工作中出现的扩大化错误，毛泽东没有推卸责任或诿过他人，他在此后多个场合为自己的错误作出道歉。七大召开之前，他先后到几个单位向被搞错了的同志作检讨，赔礼道歉，承认"抢救运动搞错了"，"我向大家赔个礼"①。1945年春节，毛泽东在接见中央军委通讯局拜年的同志时，再次谈到"抢救运动"的错误并当即向同志们赔礼道歉。他说，"抢救运动"是把敌人的力量估计得过大，把自己的力量估计得过小，搞得草木皆兵，"特务""叛徒"如麻，伤害了很多好同志。好在这是一场夜间演习，用的不是真枪实弹，用的是石灰包。夜间看不清楚，一时分不清敌我，打在身上留下几个石灰包印。天亮一看，原来打的是自己人，打错了。这时候，把石灰拍掉，给你敬个礼，赔个不是："同志，我打错了你！"他接着诚恳地说："这个错误的责任不在哪个单位领导，责任由中央来负，主要由我来负，因为我是发号施令的。同志们，我这里给那些受了委屈的同志行个脱帽礼，给大家赔礼道歉了！"②1945年

---

① 《峰与谷——师哲回忆录》，红旗出版社1992年版，第204—205页。

② 《毛泽东在陕北》，陕西人民出版社1993年版，第155页。

8月，在延安中央党校礼堂召开的大会上，毛泽东再次提及自己的错误。他说："这个党校犯了许多错误，谁负责？我负责。我是校长嘛！整个延安犯了这许多错误，谁人负责？我负责。我是负责人嘛！""这次大家都洗了澡，就是水热了一点儿。不少同志被搞错了。凡是被搞错了的要一律纠正，坚决平反！""有的同志被错戴了帽子，这也没得要紧。帽子戴错了，现在我把它给你们摘下来就是了。""我们共产党人是革命者，但不是神仙。我们也吃五谷杂粮，也会犯错误。我们的高明之处就在于犯了错误就检讨，就立即改正。今天，我就是特意来向大家检讨错误的，向大家赔个不是，向大家赔个礼。"说到这里，毛泽东恭恭敬敬地把手举到帽檐下，再次向被整错了的同志赔礼道歉。毛泽东诙谐地说："我向你们赔礼，你们也该还我一个礼吧？你们不还礼，我这手就放不下来了。"① 大家以长时间的热烈鼓掌向毛泽东答礼，一些同志还情不自禁地流下了热泪。

可以想见，当年那些被无端冤枉甚至被看管审讯，受过冤屈的同志最初的怨气一定很大。但是，从事后看，因为毛泽东的主动承担错误，并多次诚恳地赔礼道歉，这些曾受委屈的同志不仅怨气消了，还被毛泽东的

---

① 《毛泽东生平实录》上，红旗出版社2010年版，第368页。

诚恳所感动。绝大多数同志对过去的事释怀了。整风运动之后全党达成了空前的团结和统一，党内领导干部之间不仅达成谅解还增进了感情，不能说与毛泽东的主动认错、诚恳道歉没有关系。

中华人民共和国成立之后，面对崭新的社会主义经济建设任务，毛泽东等老一辈无产阶级革命家毫无经验可言，而在一个落后、贫穷的半殖民地半封建社会的基础上搞社会主义，当时的国际社会也不可能提供现成的样板或模式。因此，完全要依靠中国共产党人带领全国人民自己去探索与总结。在这样的情形下，要求党和国家领导人在任何具体问题上都千真万确、滴水不漏是不现实的，关键在于出了错误怎么办。对此，在1962年召开的七千人大会上，毛泽东公开做了回答。他说，领导干部如果真正犯了错误，就应当征求人民群众和同志们的意见，并且自己作检讨。这种检讨，有的时候，要有若干次。一次不行，大家不满意，再来第二次；还不满意，再来第三次；一直到大家没有意见了，才不再作检讨。不管是主动的、被动的，早作检讨，晚作检讨，只要正视错误，肯承认错误，肯改正错误，肯让群众批评，只要采取了这种态度，都应当欢迎。

古人说，人非圣贤，孰能无过？作为领导干部，身上担负的责任自然不同于一般群众，尤其在当前，中国正在实现中华民族伟大复兴的征途上奋勇前进。这是一场新的伟大的革命，任务的艰巨性和繁重性是世所罕见的，每个领导干部所面临的矛盾和问题的规模以及复杂性是世所罕见的，从事领导工作中所要面对的困难和风险也是世所罕见的。这种情势下，既要求领导干部大胆创新出政绩，又要求不出差错，绝对正确，这显然是不可能的。正如邓小平所指出的："我们现在做的事都是一个试验。对我们来说，都是新事物，所以要摸索前进。既然是新事物，难免要犯错误。"① 可见，犯错误是正常的，可以说是无法避免的，需要解答的依然是如何面对错误。毋庸讳言，在这个关键问题上，误入歧途的领导干部并不少见。

近年来，随着互联网时代的到来，各类信息的透明化、公开化不可阻挡，新闻媒体常常曝光某些领导干部对自己或属下的过失百般抵赖、万般粉饰，在事实面前不肯认错，最终引发群情激奋的恶性事件。

领导干部有错不认，诿过塞责的行为是极为有害的。

一是自毁形象和人格。明知有错却不向群众认错道歉，甚至上推下卸、强词夺理，暴露出领导干部本人自

---

① 《邓小平文选》第3卷，人民出版社1993年版，第174页。

私的内心和卑下的人品，由此丧失了自身基本的威信，为群众所鄙视和不齿。这对每一个领导干部的杀伤力都是极大的。

二是欲盖弥彰。如果在事件发生之后，为自己的失误遮遮掩掩，群众反而觉得里面有"猫腻"，即便本来是一件微不足道的小事情，也会因群众不明真相而引发很多不必要的联想、猜测；虽然有些领导干部后来迫于种种压力不得不出来披露事实，但其说服力也会大打折扣，大家对他的信任程度已经严重下降。

三是造成"塔西佗陷阱"。所谓"塔西佗陷阱"，指的是这样一种社会现象，即当政府部门或某一组织失去公信力时，无论说真话还是假话，做好事还是坏事，都会被认为是说假话、做坏事。民意不可违，而民智则更不可欺，领导干部在群众面前"嘴硬"，拒不道歉的做法，往往让群众感到知情权遭到践踏，甚至连智商也遭到侮辱。结果就是严重"透支"党和政府的信用和公信力，彻底侵蚀和破坏党和政府在人民心目中的形象。

正反两个方面都清楚地表明了领导干部敢于认错，不耻赔礼道歉的重要性，但是，在现实中为什么还是有一些领导干部明知自己做错却不敢或羞于承认错误，甚至强词夺理，百般推诿呢？最普遍的错误想法是怕丢面子，怕失威信，不愿赔礼道歉。这一方面是某些领导干部的"官本位"思想所致，觉得自己位高权重，平日里高高在上，自带威风，如果公开给普通群众道歉，岂不是失去尊严？以后自己说话就会不管用了；另一方面是"唯上"的观念在作祟，考虑自己赔礼道歉还可能牵涉上级领导，影响上级的形象。为维护上级领导的"面子"，自己硬是扛着也不低头认错。殊不知，一旦失去人民的信任和支持，官员所谓的面子和权威就一文不值。其次是不敢承担责任，不敢赔礼道歉。这些领导干部考虑到一旦承认错误，就会暴露工作中的其他所有缺点，招致多米诺骨牌效应，引发民众对政府工作以及本人工作能力的不满意和不信任，进一步导致群众的非议和不配合，不如索性嘴硬到底，蒙混过关。这种侥幸心理表面上看似为了维护政府形象和公信力，但是，同样是错误和危险的。殊不知，纸里包不住火，瞒得了初一，瞒不过十五，在信息、资讯越来越发达的时代，企图凭借行政权力来一手遮天，"屏蔽"错误，是极为冒险的行为，殊不知一旦群众了解真相，后果将更加严重。

毛泽东等老一辈无产阶级革命家身体力行，用事实说明，勇于承担责任，敢于认错，及时纠错，不仅不会丢面子、失威信；相反，由于正视错误，积极从中吸取教训，从而能把事情办得更好，更能赢得党和人民的信任。

学会认错，有错必纠，是领导干部必须具备的一项重要政治品质。那么，如何才能培养、塑造这样的政治品质呢？

第一，领导干部要树立正确的权力观。有正确的权力观，才能让自己具备坦荡的胸襟，敢做敢当，知错认错。分析毛泽东对待自己错误的态度，不难发现，毛泽东当年之所以能够有如此担当，光明磊落地为自己的过错赔礼道歉，与他那种一切为了革命、一切为了人民解放事业的抱负是分不开的。只有出于为人民谋利益，出于大公无私而犯的错误，犯错者才能无所顾虑，坦然承担责任。毛泽东在《为人民服务》一文中指出："因为我们是为人民服务的，所以，我们如果有缺点，就不怕别人批评指出。不管是什么人，谁向我们指出都行。只要你说得对，我们就改正。你说的办法对人民有好处，我们就照你的办。"[①]毛泽东是这么说，他确实也是这么做的。权力是人民给的，权力也必须为人民所用。领导干部是人民的公仆，要为人民掌好权服好务。在为民服务的过程中，因客观条件、认识水平以及个人能力的局限，领导干部在涉及方方面面的复杂工作中出现纰漏或

---

① 《毛泽东选集》第3卷，人民出版社1991年版，第104页。

过失，这是情理之中的事情。相信所有出于公心，秉公
用权的领导干部，都会"心底无私天地宽"，主动认错，
获得群众谅解，与人民群众一道克服错误带来的困难。
相反，如果领导干部自私自利，用手中的公权为自己或
一部分人谋利益，必然害怕"见光死"。常言"君子坦
荡荡，小人长戚戚"，用权谋私的领导干部处心积虑达
成自身利益的最大化，甚至不惜以牺牲、损害广大人民
群众的利益为代价，这些人在工作中往往瞒天过海，搞
神秘化，一旦出现错误，自然害怕群众了解真相，更害
怕"拔出萝卜带出泥"，将自己的私利彻底曝光。因此，
不仅不会、不敢在群众面前承认错误，赔礼道歉，反而
想尽办法隐瞒，步步为营，抵死不认。

第二，领导干部要树立正确的群众观。领导干部在
群众面前敢讲真话、敢于道歉，是与他本人的正确的群
众观分不开的。只有真正站在群众的立场上想问题，相
信群众，关心群众，保持同群众的血肉联系，把群众当
亲人，才能在任何时候都敢于面对群众，也才能真正认
识到，在亲人面前认个错，不算丢脸；在亲人面前讲真
话，十分必要。中国共产党从诞生之日开始，就以为人
民群众谋利益作为自己的宗旨。因此，党的各级领导干
部一定要认识到，党的一切工作都与人民的利益休戚相
关，最大多数人民的意志和利益始终是一切工作的起止

点。领导干部只有树立起正确的群众观，才能真心实意
地为人民服务；才能由衷深信，自己个人的威信是在真
心实意为人民群众办实事的过程中树立起来的；也才能
为没有完成的任务，或没有能够做对的事情，诚实地向
人民群众交代，请求谅解。1956 年，在党的八大预备
会第二次全体会议上，毛泽东就公开承认："我是犯过
错误的。比如打仗，高兴圩打了败仗，那是我指挥的；
南雄打了败仗，是我指挥的；长征时候的土城战役是我
指挥的，茅台那次打仗也是我指挥的。在井冈山时我提
的那个土地法很蹩脚，不是一个彻底的土地纲领。肃反
时我犯了错误，第一次肃反肃错了人。如此等等。"① 只
有联系毛泽东本人对人民群众的深厚情感，才能深刻理
解和体会毛泽东这席发自肺腑的表白。无法想象一个对
群众利益漠然视之的领导干部能够在自己犯错的时候真
正感受到痛心疾首，真正毫无保留地向群众赔礼道歉，
真正下定痛改前非的决心。

　　第三，领导干部要培养自我反省能力，正确认识自
己。几千年前古希腊奥林匹斯山上的德尔斐神庙里有一
块石碑，上面写着，"认识你自己"。这句含义丰富、值
得深思的哲学名言可以诫勉领导干部，正确地认识自

---

① 《毛泽东文集》第 7 卷，人民出版社 1999 年版，第 106 页。

己，摆正自己的位置。由于受中国传统文化的影响，有些领导干部常常在不知不觉中把自己放到远离普通人民群众的官位上，在不知不觉中流露出为民做主的思想观念。由于自己的认识偏差，再加上社会上"好官"之风的推波助澜，逐渐使得一部分领导干部骄傲自满，自视过高。认定自己的能力、才干在一般人之上，殊不知，山外有山、人外有人，任何人都有自己的局限性，领导干部也不例外。作为身在高位的领导，见多识广自在情理之中，但不能因此刚愎自用，目中无人。无法想象一个平时骄傲自大、自以为是的领导干部，在工作中被指出错误后，能够认真对待，并向人民群众公开道歉赔礼。以他们的一贯作风，只会强词夺理，文过饰非，以维护自己的"面子"，最后只会失去群众的信任和拥戴。因此，作为领导干部，一定要明理自知，具有自我反省能力。在这个方面，毛泽东也同样做出过表率。1958年9月，当时"大跃进"运动已经在全国展开，一些过激过左的口号如"人有多大胆，地有多高产""不怕做不到，只怕想不到"等颇为流行。当时任武汉大学校长的李达不以为然，他趁毛泽东到武汉视察之际，以老友的身份和毛泽东约见会谈。在谈话中，正直、率真的李达直接向毛泽东表明自己对这些流行口号的反感，认为不符合唯物主义。毛泽东则坚持认为这样的口号能鼓舞人心，发挥人民群众的主观能动性。两人争执不下，直至动怒。然而事后，毛泽东马上反省自己，意识到自己不但不能接受"逆耳"的意见，而且还有犯唯心主义错误之嫌，"过去我写文章提倡洗刷唯心主义，可是这次我自己就没有洗刷唯心主义"。认识到自己错误的毛泽东马上让人转达自己对李达的歉意，并感谢李达的帮助，约他下次再谈。可见，自我反省使毛泽东能够及时发现自己的错误，及时认错道歉，并着力去改正错误，把错误带来的损失减少到最低。身为一国之首，毛泽东不忘"三省吾身"，知错能改，善莫大焉！值得今天的领导干部学习。

古人云："君子之过也，如同日月之食焉；过也，人皆见之；更也，人皆仰之。"各级领导干部只有在群众面前讲真话、用真心，敢于认错道歉，才能在群众心中保持良好的形象，获得充分的信任和支持。实际上，作为社会管理和公共服务的主体，现代政府面临着日益复杂的社会环境，各级领导干部作为党和政府决策的制定者和实施者，难保百分之百正确，失误是情有可原的。向群众低个头、认个错，其实不是什么坏事，这是增强政府透明度、保障群众知情权的必然要求。同时，也有利于改善机关形象、拉近干群关系。要知道，能在群众面前低头的人，群众才能把他捧得更高。

结语：工作方法与工作制度

以毛泽东同志为主要代表的中国共产党人在长期的革命和建设过程中，把马克思列宁主义基本原理同中国具体实际相结合，丰富和发展了马克思列宁主义，形成了一系列关于工作方法的系统理论。毛泽东的哲学著作和政治、军事、经济等著作都反映了他有关工作方法的思想和理念。

正确工作方法的特点

从上述内容中，我们可以看到，在中国革命和建设的不同时期，毛泽东把确立科学的工作方法作为一个重要问题提了出来。他不仅先后写了《关于领导方法的若干问题》《关于健全党委制》《党委会的工作方法》《工作方法六十条（草案）》等有关工作方法的文章，而且还在诸如《实践论》《改造我们的学习》《论十大关系》《关于正确处理人民内部矛盾的问题》《人的正确思想是从哪里来的?》等一系列文章中频频地谈及工作方法。既然工作方法如此重要,那么,正确的工作方法具有哪些基本特点呢?

一、实践性。工作方法来源于实践,同时又作用于实践。实践性是工作方法的一个显著特点。一方面,工作方法来源于实践,任何一种科学的、行之有效的工作方法都不是凭空想象的,而是从实践中总结出来的。实践是工作方法产生的肥沃土壤。另一方面,工作方法一旦形成,又必须运用于实践、指导实践。工作方法不能仅仅停留在理论层面,必须运用到领导实践中去,只有这样,才能真正发挥作用,体现价值。

二、灵活性。工作方法不是一成不变的,也无一定的模式,它会因人、因事、因时、因地而异,即使同一个领导者在处理不同环境下的问题时也会运用不同的方法。另外,领导系统的不断发展变化,也决定了工作方法应"随时而变,因俗而动"。工作方法的灵活性,保证了领导活动的协调和谐性;如果缺乏灵活性,我们必将使方法落后于客观形势的变化,变得生硬僵化。当然,工作方法的灵活性并不排斥它在某些方面、某些环节和特定历史阶段的相对稳定性,它要求领导者要通过灵活的工作方法来实现领导活动的稳定进行。

三、创造性。创造性是领导工作的特点，而领导工作的创造性则集中体现在领导者的工作方法上。一个颇具创造性的领导者，在工作方法的运用上，既不能邯郸学步，更不能墨守成规，而必须构思新颖、奇招迭出，给人以耳目一新之感。

四、条件性。工作方法的条件性，是指方法的产生和使用要受一定条件的影响和制约。例如，依据一定的条件产生和总结出来的工作方法具有一定的运用范围，在不同的条件下不能生搬硬套。另外，领导者本身的特点、被领导者的状况等条件也对工作方法的运用产生影响。例如，一个知识丰富、经验广博的领导者与一个知识贫乏、经验不足的领导者，共同面对一个对象，同时使用相同的领导方法，其效果绝不会是等量齐观的。

工作方法的意义

毛泽东曾经以"桥"和"船"的比喻，来说明工作方法的重要性。这表明，只有在科学方法论的基础上，我们才能产生较高的领导艺术。但是，在现实中，党政干部并非都重视工作方法的研究和提升。所以，在开启全面建设社会主义现代化国家新征程、向第二个百年奋斗目标进军的过程中，加强工作方法的修养，成为摆在各级干部面前的一个十分迫切的任务。没有科学的工作方法，就不能实现党的长远任务。

党的十一届三中全会以来，中国共产党逐步确立了一条适合中国情况的社会主义现代化建设道路，制定了一整套正确的方针政策，而所有这些，都是党遵循马克思主义的基本原理，创造性地运用马克思主义的立场、观点和方法，总结历史经验，研究新情况、新问题形成的。但是，对于社会主义现代化建设，在不少方面和领域，还有一个必然王国有待于我们继续探索、认识，实现向自由王国的飞跃。因此，学习和掌握马克思主义，用马克思主义的世界观和方法论来武装各级领导干部，是一项极其重要的任务。"只要我们用这样的立场、观点和方法从事学习和工作，就能把我们党的全部工作放在科学的轨道上，就能在社会主义现代化建设中有所发现、有所创造，从而保证我们的伟大事业胜利前进。"①

首先，学习和掌握正确的思想方法和工作方法，可以帮助我们加深理解和自觉执行党的路线、方针和政策，加强全党在思想上、政治上的高度统一。党的十一届三中全会以来，我们党重新恢复和确立了马克思主义

---

① 《三中全会以来重要文献选编》下，中央文献出版社 1982 年版，第 868 页。

的思想路线、政治路线和组织路线，作出了把全党工作的重点转移到社会主义现代化建设上来的战略决策，制定了一系列的有关经济建设、文化教育和科学技术等方面的方针、政策。这些路线、方针和政策之所以能够得到全国人民的热诚拥护，在实际生活中表现出强大的生命力，就在于它们是合乎国情、顺乎民意的，是建立在辩证唯物主义和历史唯物主义的基础之上的。因此，我们只有从辩证唯物主义的世界观和方法论的高度来思考问题，从主观和客观、理论和实践的具体的历史的统一上来领会党的路线、方针和政策的精神实质，才能加深对它们的理解，并注意同本地区、本部门的具体情况结合起来，自觉地贯彻执行，把工作做得更有成效。党的十一届三中全会以后，有些同志对党的某些方针、政策不理解，甚至抱有怀疑和抵触情绪，其中一个很重要的原因是思想方法不对头，从而影响了工作方法的顺利展开。比如，对在农村推行家庭联产承包责任制和搞活经济的政策，有些同志在较长的一段时间里不理解，甚至有抵触情绪，究其原因，主要是在思想上没有摆脱过去框框的束缚，不懂得要按照实际情况来决定工作方法，不懂得生产力决定生产关系的原理，不懂得衡量一种生产关系是否先进，应以是否适合生产力状况、能否促进生产力发展为标准。同时，在推行家庭联产承包责任制和某些经济体制改革经验的过程中，有些地方也曾经出现过另一种情况，即只推行一种形式，一种做法，搞"一刀切"，以致造成了一些新的社会问题。这种现象之所以发生，也是因为有些同志在思想方法上形而上学的片面性和绝对化，直接违背了毛泽东反复强调的研究问题要着眼其特点和发展，对具体情况作出具体分析，以及用不同的方法解决不同矛盾等科学的方法论原则。可见，只有认真学习和掌握唯物辩证的思想方法和工作方法，才能把我们的思想统一到党的路线、方针和政策上来，切实做到在政治上同党中央保持高度一致。

其次，工作方法是我们正确观察形势，提出任务和实现任务的重要保证。任务是我们所要达到的目的，方法则是达到目的的手段。有了正确的思想方法，可以使党员干部时刻注意按照本地区、本单位的实际情况提出切实可行的工作任务。而任务的提出，标志着把改造的对象引入了实践的过程，这时就要注意解决实现任务的工作方法问题，否则，我们实践起来就会感到无从下手，或者陷入盲目的实践。在我国革命和建设的过程中，毛泽东总是要求各级领导者在布置工作任务的同时交代完成任务的工作方法。早在1934年，毛泽东就发出"注意工作方法"的号召，他把工作方法看作是实现革命任务的手段和保证。如果说革命的任务是过河，工作方法就是过河的桥或船。他在《关心群众生活，注意工作方法》一文中，特别称赞老革命根据地兴国和赣东北的同志是真"模范工作者"，赞扬"他们把革命的工作方法问题和革命的工作任务问题同时解决了"，因而"创造了第一等的工作"①。为了帮助干部解决工作方法问题，毛泽东写了一系列的关于工作方法的专著。在今天的现代化建设中，我们应当努力学习和进一步丰富毛泽东提出且在长期革命和建设实践中证明是行之有效的科学的工作方法。

再次，学习和掌握正确的工作方法，可以帮助我们深入总结实践经验，掌握现代化建设的规律，不断提高干部的认识能力、领导水平和领导艺术。党的十一届六中全会通过的《关于建国以来党的若干历史问题的决议》，是党对新中国成立以来历史经验的科学总结，它标志着党对社会主义革命和建设规律的认识达到了一个新的高度。在社会主义现代化建设中，我们要牢记这些付出了沉重代价而取得的历史经验。但是，我们也要清醒地看到，一些实际工作部门的经验，还有待于我们运用马克思主义的世界观和方法论，系统地加以总结：在有关方针政策、体制、办法、作风和一些理论观点上，

① 《毛泽东选集》第1卷，人民出版社1991年版，第140页。

分清哪些是符合实际的，哪些是不符合实际的；哪些事情做对了，哪些存在问题；哪些是过去适用今天已经不适用的，哪些是今后应当继续坚持和发扬的优良传统。这样，我们就需要对本地区、本部门的工作进行认真的考察，对正反两个方面的经验进行反复比较、分析和综合，从中找出各方面工作的规律，使认识能力和处理问题的能力得到进一步提高。

　　学习和掌握正确的工作方法可以帮助我们钻研新事物，提出新理论，开创各项工作的新局面。在社会主义现代化建设中，新的困难和新的问题不断涌现，光靠过去的老经验、老办法，显然是不够了。正如习近平所指出的，很多同志有做好工作的真诚愿望，也有干劲，但缺乏新形势下做好工作的本领，面对新情况新问题，由于不懂规律、不懂门道、缺乏知识、缺乏本领，还是习惯于用老思路老套路来应对，蛮干盲干，结果是虽然做了工作，有时做得还很辛苦，但不是不对路子，就是事与愿违，甚至搞出一些南辕北辙的事情来。这就叫新办法不会用，老办法不管用，硬办法不敢用，软办法不顶用。因此，党一再强调要加强调查研究，敢于改革和创新，这正体现了科学方法论的批判和革命精神。马克思说："辩证法不崇拜任何东西，按其本质来说，它是

批判的和革命的。"① 把唯物辩证法作为方法论应用于改
造世界的实践活动，它本身就要求发扬勇于创新的精
神。什么叫创新？就是面对新的现实，敢于探索新问
题，敢于提出新创见，敢于打破老框框，敢于运用新办
法，敢于开拓前进的道路。社会主义的根本方向、根本
原则是必须坚持的，但它的具体形式和具体做法却是多
种多样的。在这方面，党总是鼓励人们从我国的具体情
况出发，随着客观事物的发展而大胆地去探索和创造。
邓小平在党的十二大的开幕词中说："我们的现代化建
设，必须从中国的实际出发。无论是革命还是建设，都
要注意学习和借鉴外国经验。但是，照抄照搬别国经
验、别国模式，从来不能得到成功。这方面我们有过不
少教训。把马克思主义的普遍真理同我国的具体实际结
合起来，走自己的道路，建设有中国特色的社会主义，
这就是我们总结长期历史经验得出的基本结论。"② 在这
"建设有中国特色的社会主义"伟大目标面前，还有许
多尚未被我们认识的客观规律，需要我们通过实践去探
索、去认识、去运用。面对着生气蓬勃、迅速变化的现
实生活，广大干部特别是担当一定领导职务的干部，必

---

① 《马克思恩格斯选集》第 2 卷，人民出版社 1995 年版，第
112 页。

② 《邓小平文选》第 3 卷，人民出版社 1993 年版，第 2—3 页。

须学习和掌握唯物辩证的工作方法，发扬革命的创造精神，深入实际、深入群众，仔细地研究新情况，解决新问题，及时地总结和推广那些符合人民利益和时代要求的新创造、新经验，真正使我们的各项工作有新的起色，效率有新的提高，难点有新的突破。同时，又要敢于抛弃那些不符合新的历史任务和革命实践要求的老套套、老框框、老作风，并以自己的实际行动引导广大群众也这样做。只有这样，才能真正形成马克思主义的工作指导。

最后，工作方法可以增强党员干部的党性，把自己锻炼成一个坚定的、清醒的、有作为的马克思主义者。党的十一届三中全会作出把全党工作重点转移到现代化建设上来的重大决策之后，我们实行了对外开放和对内搞活经济的政策。对外开放，意味着走向世界，进入一个新的广阔天地。目前我国已和许许多多的国家和地区发展了经济贸易往来和科学技术交流，大大增强了我国自力更生的能力，但与此同时，国外资本主义的腐朽思想和不良生活方式也不可避免地会侵袭进来。在新的形势下，干部队伍中少数意志薄弱的人，经不起腐朽思想的侵蚀，贪图享受，腐化变质，有的甚至进行严重的经济犯罪和刑事犯罪活动。这些人完全抛弃了共产主义理想，背离了党的事业。因此，为了克服这些问题，我们必须掌握马克思主义的科学世界观和方法论，认真学习和掌握唯物辩证的思想方法和工作方法，这可以帮助我们增强党性，端正党风，培养通观全局的战略眼光和坚韧不拔的革命毅力，可以极大地提高我们分辨是非的能力，做到在纷繁复杂的现象面前不迷失方向，自觉地抵制错误思想的侵蚀，永远保持共产党人的纯洁性。

总之，在新的历史条件下，完整地、系统地学习马克思列宁主义、毛泽东思想、中国特色社会主义理论体系，学习和掌握唯物辩证的工作方法具有重大的现实意义，其重大作用将随着社会主义现代化建设事业的发展而显示出来。我们只要对马克思列宁主义、毛泽东思想及其科学的方法论采取认真严肃的态度，坚持理论联系实际的方法，持之以恒，勤于思考，在改造自己的主观世界上肯下功夫，就一定会取得良好的成绩，从而在实际工作中发挥更大的作用。

工作制度：工作方法的根本指向

工作方法固然重要，然而工作方法的完善和创新，最终需要落实到工作制度的建立和培育上。制度是根本，在新形势下，我们应在不断改进工作方法的同时，着重建立系统而可行的工作制度，将党员干部的实践行为纳入规范渠道。

制度是人们在长期的社会实践中逐步形成的具有规范性、约束力的行为准则，也是构成社会稳定的基本框架。没有规矩，不成方圆。一个组织、一个政党、一个国家、一个社会，没有制度的规范和制约，就无法保持基本稳定，无法维持正常运行。

制度建设之所以重要，是由制度本身的特征决定的。制度具有规范性，一个好的制度，会对党员干部怎样联系群众作出明确的、具体的、可供操作的规定。有了规章制度，领导干部联系群众不再是随意的、个人的行为。党的任何组织和任何个人，都不得以任何理由和借口，拒绝到群众中去解决问题、接受监督。同时，制度具有强制性，任何脱离群众、脱离实际的官僚主义行为，都将受到批评；任何侵害群众权益的行为，都将受到严肃处理。制度还具有稳定性和长期性，一个好的制度，会在相当长的时间里发挥作用和效力。

党的十一届三中全会后，如何进一步改革和完善党和国家的具体政治制度，巩固和发展社会主义政治制度，使其更好地为改革开放和现代化建设提供制度保障，是邓小平思考的问题，也是客观实践提出的时代要求。一方面，从新中国成立以来党领导社会主义建设的历史经验看，从1957年反右派斗争到"文革"结束，党和国家饱经近 20 年的颠簸曲折。经过深入反思和总结，邓小平认为，制度问题是总病根。他说："我们过去发生的各种错误，固然与某些领导人的思想、作风有关，但是组织制度、工作制度方面的问题更重要。这些方面的制度好可以使坏人无法任意横行，制度不好可以使好人无法充分做好事，甚至会走向反面。即使像毛泽东同志这样伟大的人物，也受到一些不好的制度的严重影响，以至对党对国家对他个人都造成了很大的不幸。"① 另一方面，从现实情况看，党和国家一些具体制度中，已经暴露出不少弊端，主要表现为官僚主义现象，权力过分集中的现象，家长制现象，干部领导职务终身制现象和形形色色的特权现象等，这些弊端妨碍甚至严重妨碍社会主义优越性的发挥。如不认真改革，就很难适应现代化建设的迫切需要，就要严重地脱离广大群众。

基于此，1980 年 8 月 18 日，邓小平在中央政治局扩大会议上，围绕党和国家领导制度、干部组织制度，从改革的重要性、必要性到改革的要求、重点，再到改革的原则、方针、步骤和措施，进行了全面、系统而深刻的阐述。邓小平指出了党和国家领导制度存在弊端的

---

① 《邓小平文选》第 2 卷，人民出版社 1994 年版，第 333 页。

主要原因。其一，是历史原因，旧中国留给我们的封建专制传统比较多，民主法制传统很少，以至领导制度中的种种弊端，多少都带有封建主义色彩。其二，是共产国际影响，民主革命时期，共产国际实行的各国党的工作中领导者个人高度集权的传统，对我们党和国家领导制度的建立起了不好的作用。新中国成立后，在向苏联学习的过程中，不加批判地接受了一些高度集权、领导职务终身制等一系列不好的东西，很多问题同我们长期认为社会主义制度和计划管理制度必须对经济、政治、文化、社会都实行高度集权的管理体制有密切关系。其三，是内部原因，"文革"时期林彪、"四人帮"对党和国家领导制度肆意践踏，他们利用制度方面的漏洞，大搞特权，给人民造成很大灾难。这两个反革命集团之所以能够大行其道，也是制度本身弊端的产物。其四，是思想认识问题，长期以来，我们对党和国家领导制度要不要进行改革，认识上存在片面性。受"左"的思想干扰，一段时间以来，我们认为这些弊端都是旧社会留下来的，只能从思想上解决，不必从制度上改革。对此，邓小平提出，要解决思想问题，也要解决制度问题；制度问题不解决，思想作风问题也解决不了。

邓小平强调，制度不健全，党和国家决策的科学化和民主化便得不到保障，人的主观随意性往往就会在工作中占主导地位。从领导制度方面看，权力过分集中于个人或少数人手里，多数办事的人无权决定，少数有权的人负担过重，这必然造成官僚主义，必然要犯各种错误，必然要损害各级党和政府的民主生活、集体领导、民主集中制、个人分工负责制。从具体制度方面看，我们没有自觉地、系统地建立保障人民民主权利的各项制度，法制很不完备，也很不受重视，特权现象有时受限制、批评和打击，有时又重新滋长。从工作制度方面看，从1958年批评"反冒进"，1959年"反右倾"以来，党和国家的民主生活逐渐不正常，一人决定重大问题，个人崇拜、个人凌驾于组织之上的家长制现象不断滋长，并导致一些同志犯严重错误。可见，制度建设方面的积重难返，最终成为"文化大革命"发生并持续十年之久的重要原因之一。

可见，制度的健全与否以及落实程度，不仅直接决定党和政府的工作成绩和效率，而且还决定着党和国家的前途和命运。

正是因为认识到工作制度的重要性，党的十八大以来，习近平总书记多次强调要加强制度建设，用制度管人、管权、管事，把"权力关进制度的笼子"。2013年6月28日，他在全国组织工作会议上的讲话中指出，要建立严密的基层党组织工作制度，使群众工作制度化、常态化、长效化，把基层党组织的工作重心转到服务发展、服务民生、服务群众、服务党员上来，使基层党组织领导方式、工作方式、活动方式更加符合服务群众的需要。这为新形势下基层党组织建设指明了方向，赋予了新的定位。

总之，工作制度的建立有其极端重要性，我们要在学习毛泽东有关工作方法之基本内涵、精神的基础上，改进和创新工作方法，建立起适合当前和今后一段时期党推进社会主义现代化建设的工作制度。

后　记

　　本书是中共中央党校（国家行政学院）中共党史教研部一部分老师共同完成的一个创新工程项目成果，由张太原设定写作提纲，提出写作思路，并进行修改、统稿。

　　具体分工如下：序言"思想方法与工作方法"由张太原负责；第一章"从调查情形入手"、第十一章"在游泳中学会游泳"由齐小林负责；第二章"分析方法是极重要的"、第三章"多谋善断"、第七章"一般和个别相结合"、第九章"原则性与灵活性相结合"、结语"工作方法与工作制度"由吴文珑负责；第四章"认真地听取不同的意见"、第十三章"我是靠总结经验吃饭的"、第十四章"赔一个不是"由张珊珍负责；第五章"只唱一出《香山记》"、第六章"学会弹钢琴"、第十章"有了问题就开会"由张太原、韩晓青负责；第八章"从群众中来，到群众中去"由张旭东负责；第十二章"抓而且紧"由任伟负责。其中，吴文珑还协助做了统稿工作。

　　本书撰写的指导思想是：一以史实来"诠释"方法，特别是用毛泽东自己的事例来说明他提倡的方法；二打通历史与现实、理论与实践的联系，令人读而有悟，悟而能用。

责任编辑：朱云河
装帧设计：周方亚
责任校对：余　佳

图书在版编目（CIP）数据

跟毛泽东学工作方法／张太原　等著 . — 北京：人民出版社，2021.4
（2025.12 重印）
ISBN 978 - 7 - 01 - 022690 - 3

I. ①跟… 　II. ①张… 　III. ①毛泽东思想 - 工作方法 - 研究　IV. ① A841.63

中国版本图书馆 CIP 数据核字（2021）第 065976 号

跟毛泽东学工作方法
GEN MAOZEDONG XUE GONGZUO FANGFA

张太原　等 著

人民出版社 出版发行
（100706　北京市东城区隆福寺街 99 号）

北京中科印刷有限公司印刷　新华书店经销

2021 年 4 月第 1 版　2025 年 12 月北京第 16 次印刷
开本：880 毫米 ×1230 毫米 1/32　印张：7.375
字数：123 千字

ISBN 978 - 7 - 01 - 022690 - 3　定价：58.00 元

邮购地址 100706　北京市东城区隆福寺街 99 号
人民东方图书销售中心　电话（010）65250042　65289539